中国金融之花

—— ZHONGGUO ——
JINRONG ZHIHUA

秦池江◎主编

温崇真　李守荣◎副主编

中国金融出版社

责任编辑：张智慧　王雪珂

责任校对：潘　洁

责任印制：程　颖

图书在版编目（CIP）数据

中国金融之花（Zhongguo Jinrong Zhihua)/秦池江主编. —北京：中国金融出版社，2014.11

ISBN 978 – 7 – 5049 – 7642 – 0

Ⅰ.①中… Ⅱ.①秦… Ⅲ.①女性—金融工作者—生平事迹—中国—现代 Ⅳ.①K825.34

中国版本图书馆CIP数据核字（2014）第206267号

出版　**中国金融出版社**
发行

社址　北京市丰台区益泽路2号

市场开发部　（010）63266347，63805472，63439533（传真）

网 上 书 店　http://www.chinafph.com

　　　　　　（010）63286832，63365686（传真）

读者服务部　（010）66070833，62568380

邮编　100071

经销　新华书店

印刷　北京松源印刷有限公司

装订　平阳装订厂

尺寸　169毫米×239毫米

印张　20.75

字数　230千

版次　2014年11月第1版

印次　2014年11月第1次印刷

定价　96.00元

ISBN 978 – 7 – 5049 – 7642 – 0/F. 7202

如出现印装错误本社负责调换　联系电话（010）63263947

展
女
性
金
融

工
作
者
风
采

何
鲁
丽

二
〇
二
三
年

叁
月

金融之花撑起
中國金融半邊
天名至賓歸

二〇二四年一月 李青鮮

本书编委会

顾　　　问：何鲁丽
　　　　　　李贵鲜
特邀顾问：陈　瑜
　　　　　　许祖凯
编委会主任：秦池江
执 行 主 任：温崇真
副　主　任：孙尚斌　　于世阁　　李守荣　　王喜义　　刘　萍
　　　　　　陶为群　　刘福寿　　郭　友　　盖景阳　　吕　峰
　　　　　　罗　辑　　汤维建　　陈志清　　李　瑶　　曾　涛
　　　　　　黄　穗　　张玉强　　杜　安　　阎宏伟　　杨谨鸿
　　　　　　王尔明　　房建国　　黄东涛　　涂永红　　贾墨月
　　　　　　徐展勤　　邱小迪
委　　　员：苗现林　　孙筱彬　　孙鹏成　　郑　斌　　徐　斌
　　　　　　严仕锋　　罗汉强　　刘　捷　　刘俊英　　张　坤
　　　　　　姜　涛　　齐　蓟　　周　萍　　贾红星　　林　海
　　　　　　王红心　　林高宝　　孙运健　　江怡雯
主　　　编：秦池江
副　主　编：温崇真　　李守荣

序

阎海旺

《中国金融之花》编委们多年来精心策划，精心组织，几易其稿，把金融领域中的女性群体的业绩奉献和精神风貌，收集整理、汇编成书，即将付梓出版，可喜可贺！

金融是国家经济的命脉，是现代经济的核心。在新中国的成长、发展和现代化进程中，尤其是改革开放以来，金融业的整体规模、服务素质和经济影响力，受到全社会的关注；中国金融业的世界地位也在冉冉升起，已经成为世界经济中的一支生力军，举世瞩目。在数百万金融工作者中的女性金融工作者，是一个坚毅无比的群体，她们用自己柔弱的肩膀、机敏的智慧，承担了金融服务的重担；她们用青春和汗水培育了金融事业的园地，她们长期艰苦奋斗、改革创新、开拓进取的精神风貌，代代相传、栩栩生辉。

在人们的印象中，金融业位居城衢闹市、豪华门庭之中，还有人认为从事金融业工作轻松、生活安逸、收入丰厚，然而她们的艰辛和压力却少有人知。在金融部门中，女性占员工总数的百分之四十八左右，而且大部分处于金融工作的第一线，担任出纳、会计、储蓄和管理工作，整天和钞票、数字和算盘（电脑）打交道。摆在她们面前的钞票像座座小山，经她们双手流动的金钱像滔滔江水，经她们处理的数据如缕缕蚕丝。她们工作的信念和目标，其实很朴素、很具体，也很神圣。她们把"责任如山、制度如铁、安全如天、金钱如云"作为行为的信条和生活的座右铭。比如，一张钞票，从印制、投放、流通、回笼、到销毁，要经过几百次到上千次的目测、整点、挑选、清分和复查；为了保证市场票面清洁、美观、安全，她们整天要同染有上千种细菌的钞票为伴，没有过丝毫懈怠和倦意。女性是金融领域里的"半边天"和"守护者"，确是实至名归。

中国金融业的不断深化改革开放和稳健发展，为发挥广大女性金融工作者的潜能提供了前所未有的独特平台。可以说，科学技术高速发展的今天，是智能重于体能的时代，社会生产力和人们的生活方式发生了深刻剧变，女性天生具有乐于表达、善于沟通的特质，在金融这种面向广大客户、服务至上的行业里，更加有利于发挥女性特有的凝聚力和吸引力。女性的细致、认真与魅力，正是做好金融工作的宝贵人力资源所应具备的特质。当广大女性的综合力、柔韧力、亲和力，同凝聚共识、协调矛盾、担当责任等使命相匹配，她们用自己的实力，证明了这一群体的潜能和优势。在金融女性工作者中，有许许多多的令人思念、讴歌、崇敬、感动、效仿的楷模和榜样。她们之中：

有着默默不语的无私奉献者。她们大多服务于金融业的第一线，她们把肩负的工作任务，看得比生命还贵重；她们在危难之时，宁愿付出自己的生命，也要保卫金融财产和账目的完整无损；她们以"铁钱捆、铁账本和铁算盘"作为最高的标准和最大的荣耀；她们把保卫国家、社会和客户的利益和安全，作为人生最好归宿和最高的奖赏。

有着坚忍不拔的开拓者。她们之中有身任中央银行的领航人，担负金融管理和宏观调控重任，以身作则，一身正气，以国家发展为天职，以社会进步为己任，不辞辛苦、不计得失，竭尽职守，排除万难，去了解情况、掌握数据、改进方法，提供有效的业务支持和金融监管，打开新时代金融工作的新局面。

有着善谋果敢的管理者。她们之中涌现出一大批商业银行和新金融机构的组织者和创业者，面对新的工作环境和新的工作任务，刻苦学习，牢牢掌握发展方向和金融政策，排除来自方方面面的阻力和困难，筹划和用活手中的资源，握紧和量度手中的权限，尽心尽力完成国家发展所托付的任务。

有着开拓奋进的业务创新者。她们之中有许许多多的业务专家和业中栋梁之才，在改革开放的洪流中，勇于接受新知识，竭力掌握新业务、谋求新发展，敢挑重担、敢于前行，敢担风险、破解风险，做前人未做过的事，做前人没有做成的事，保证新业务的有序成长壮大。

还有着思绪如泉的金融理论家。她们之中，有心怀报国壮志、力促创新豪情的教育工作者，她们以时代变革为平台，以社会进步为动力，勤于思考、勇于追求、探索新的规律和途径，解开传统思维的绊索，开拓新的思维空间，总结和开辟新观念和新思维，形成与时俱进的知识体系，并无私地奉献给社会，推动金融业的创新的新型金融人才的成长。

本书的开篇文章，以《百花丛中最鲜艳》为题，记录了中国共产党的优秀党员、久经考验的忠诚的共产主义战士、无产阶级革命家陈慕华同志；书中还记录了一名从小加入中国人民解放军，然后踏上金融领域，成长为新中国最大的国有商业银行行长张肖同志。书中还记录了一朵朵在少数民族中成长起来的金融业的创新者和创业者，如新疆维吾尔族的米力古丽·阿吉努尔同志，是农村信用联社的理事长，就是在为"三农"服务的金融家。本来还有许许多多的女性金融工作者的事迹，由于各种原因，没有能够收集起来，但愿开篇有益，后续方长。

在新中国的金融岗位上奋斗了几十年的女性金融工作者，多年来很少有她们的文字记述。本书在编纂过程中，本着求真务实、存史兴业、弘扬正气、激励未来的精神，从不同途径收集各方面的资料，并作了尽可能的采访和动员，征集到了一批有价值的文稿和图片。在编委会秦池江主任和诸位同志的努力下，特别是温崇真同志的热心策划、组织和推动之下，得到各方的热情响应和鼎力支持，把二十三位来自各金融系统不同专业、不同岗位、不同业务范围的女金融工作者资料，专门编纂成《中国金融之花》一书，这是新中国金融出版史上第一部专门弘扬、歌颂女性金融工作者业绩、情怀和风貌的难得的珍品。本书肯定不够完善，更不够完美，但也确实从某几个侧面，真实、生动、鲜活地记录了女性金融工作者的风雨历程、辉煌业绩所构成的金色人生。

在实现中国梦的征程中，金融战线上的广大妇女工作者已经并将继续肩负着重大使命，诠释更加丰富的时代内涵。她们在不同时期、不同的业务空间，作出了突出的贡献。因

中国金融之花

此，我们要大力宣传、弘扬、赞美广大女性金融工作者艰苦奋斗的优良传统和百折不挠、勇于改革创新的时代精神，增强妇女创造金融事业新辉煌的历史使命感和责任感。这可以说是中国金融业万里征途中的一种荣誉、责任和继往开来的动力。

巾帼建新功，共筑中国梦。中国梦里有她们的期盼，更离不开她们的努力与奋斗。我们期待《中国金融之花》连续出版，使金融战线上一朵朵盛开的绚丽奇花，傲然绽放，灿烂辉煌。

谨此，是为序。

二〇一四年八月八日

目 录
CONTENTS

001 百花丛中最鲜艳
　　——忆中国人民银行原行长陈慕华

019 与企业同命运，共呼吸
　　——记中国工商银行原行长张肖

031 盛开在她心中的月季花
　　——记中国人民银行原人事司司长李香芝

041 与中行共成长
　　——中国银行浙江省分行原行长赵征的人生感悟

057 傲霜斗雪腊梅花
　　——记中国农业银行原机关党委副书记吴文桂

075 兰花香正好
　　——记中国农业银行天津分行原副行长赵力平

095 盛开在祖国金融战线的太阳花
　　——记国家外汇管理局原总经济师温崇真

117 亲历金融立法艰难的起草历程
　　——中国人民银行原条法司司长余培翘自述

127 国家名片的一名守护者
　　——中国人民银行原货币金银局原局长段引玲自述

139 鲜艳夺目的金融改革拓荒者之花
　　——记中国人民银行原浙江省分行行长陈国强

153 倾尽心力铸师魂
　　——记首都经贸大学财金学院院长、教授贾墨月

167 网名"巨吴霸"
　　——记中国人民大学财政金融学院教授吴晶妹

179 暗香浮动雅韵来
　　——中国人民大学财政金融学院副院长、教授
　　涂永红的理想人生

193 向阳花开报春晖
　　——记中国工商银行金融研究总监兼城市金融
　　研究所所长詹向阳

219 青藏高原上的格桑花
　　——记中国人民银行拉萨中心支行
　　原副行长白玛拉珍

227 天山脚下的雪莲花
　　——记新疆农村信用社联合社理事长
　　米力古丽·阿吉努尔

241 我是一朵小花
　　——中国农业银行深圳分行李婉一自述

249 用奉献诠释人生
　　——记中国人民银行江苏省分行原副行长张长玉

261 火红年代　美好回忆
　　——中国人民银行南宁中心支行副行长周元元
　　工作感悟

中国金融之花

269 大瑶山里走出来的金融管家妹

　　　　——记中国农业发展银行广西分行赵文秀

277 平凡人生路　求索无止境

　　　　——记中国人民银行昆明中心支行陈青

291 金融资本推动民营企业发展的感悟

　　　　——记华商三津投资股份有限公司董事长齐蓟

301 与我国金融改革开放同奋进

　　　　——记中国人民银行上海总部施琍娅

311 **后　记**

百花丛中最鲜艳

——忆中国人民银行原行长陈慕华

陈慕华

　　1921年6月21日出生于浙江省青田县，2011年5月12日在北京逝世，享年90岁。陈慕华1938年3月赴延安，同年6月入党，1945年11月被派往东北工作。新中国成立后，先后在东北铁路局、北京铁道部、国家计委、国家对外经济联络委员会工作任处长、局长。1971年4月起任对外经济联络部副部长，党的核心小组副组长、部长、党组书记。1978年3月任国务院副总理，兼对外经济联络部部长、党组书记。1982年3月，任国务院副总理，兼对外经济贸易部联络部长、党组书记。在任国务院副总理和国务委员期间，陈慕华还分管医药卫生、计划生育、金融外事、旅游等方面工作。1981年3月兼任国家计划生育委员会主任、党组书记。1985年3月任中国人民银行行长、党组书记。1988年4月当选第七届全国人大常委会副委员长，1993年3月当选第八届全国人大常委会副委员长。1988年起先后任第六届、第七届全国妇联主席，党组书记和第八届、第九届、第十届全国妇联名誉主席。

　　陈慕华同志是中共第十届、第十一届、第十二届、第十三届、第十四届中央委员，第五届、第七届、第八届全国人大代表。

在中国金融之花的百花丛中，我们无限崇敬的陈慕华老行长，无疑属于最鲜艳的一朵。

一、壮丽的革命人生

陈慕华同志1921年出生于浙江省青田县。少年时期，她接受进步思想，追求革命真理。"七七事变"后，全民抗战的形势激发了她抗日救国的热情。1938年3月，还不满十七周岁的她就毅然奔赴延安，后到中国人民抗日军政大学学习，同年6月加入中国共产党；1939年，在大生产运动中被选为模范青年，参加了西北青年救国总会召开的模范青年大会并获得奖章；1942年2月任抗大三分校训练部军事佐理员，10月任延安八路军留守兵团警备五团教育参谋，后任延安留守兵团司令部教育科参谋、兵团军事研究室研究员；1943年1月任延安联防司令部后勤部家属招待所政治指导员、后勤部经建处秘书。

抗日战争胜利后，1945年11月，陈慕华同志被派往东北工作，任热河军区司令部一科参谋；1946年4月任东北铁路总局机关政治协理员，同年11月任穆棱煤矿工会特派员；1948年9月任东北铁路保育院院长；1949年1月任中长铁路中央医院副院长。

新中国成立后，陈慕华同志任东北铁路政治部宣传部宣传组（处）组长、1953年1月任铁道部政治部宣传部宣传组（处）副组长。她坚决执行党的政策，制订宣传计划，组织整顿宣传队伍为开展群众性宣传工作做出突出成绩。在此期间，她还参加了镇压反革命、土地改革、"三反"、"五反"运动和抗美援朝等有关工作，多次受到表彰。1954年3月她被任命为国家计划委员会交通局副处长、处长；1961年5月任对外经济联络总局成套设备局副局长；1964年10月任对外经济联络委员会三局副局长。她多次出国参加经济援助工作，为我国援外事业的发展作出积极贡献。

"文化大革命"期间，陈慕华同志受到冲击，但她坚持原则，认真执行毛泽东、周恩来同志确定的援外方针政策，坚决抵制"四人帮"的倒行逆施，为维护国家信誉和中国在国际上的地位做了大量工作。

1971年4月起，陈慕华同志历任对外经济联络部副部长、党的核心小组副组长，部长、党组书记。

1978年3月，陈慕华同志任国务院副总理兼对外经济联络部部长、党组书记，1981年9月又兼任国家进出口管理委员会（即外国投资管理委员会）第一副主任、党组第一副书记。

1982年3月，陈慕华同志任国务院副总理（1982年5月起为国务委员）兼对外经济贸易部部长、党组书记。

1960年夏，援越时总理与女同志合影于河内六零年夏

陈慕华任国务院副总理、国务委员期间，还分管医药卫生、计划生育、金融和外事、旅游等方面工作；1978年6月，兼任国家计划生育委员会主任、党组书记。

1985年3月，陈慕华兼任中国人民银行行长、党组书记。

1988年4月，陈慕华同志当选为第七届全国人民代表大会常务委员会副委员长，并任全国人大财政经济委员会主任委员；1993年3月，当选为第八届全国人民代表大会常务委员会副委员长。

1988年9月起，陈慕华同志先后兼任和担任第六届、第七届全国妇联主席，党组书记和第八届、第九届、第十届全国妇联名誉主席。

陈慕华同志连任中共第十届、第十一届、第十二届、第十三届、第十四届五届中央委员，第五届、第七届、第八届全国人民代表。

陈慕华同志在七十多年的革命生涯中，对共产主义理想坚贞不渝，对党和人民无限忠诚。她为民族的独立、人民的解放、社会主义建设和改革开放事业奉献了毕生的精力。

1993年曾兼任中国人民银行总行行长的陈慕华副委员长考察深圳离开前往珠海时王喜义前往蛇口码头送别

二、我国经济工作和妇女儿童工作的杰出领导人

陈慕华在担任国家对外经济联络工作领导时，她坚决执行中央对外经济工作的方针政策，以经济促外交，努力争取广大第三世界国家的理解和支持，为破除帝国主义的经济和外交封锁、促进我国外交工作的发展和国际政治地位的提高作出了重要贡献。她参加了新时期我国对外经济技术援助四项原则（平等互利、讲究实效、形式多样、共同发展）的制定工作。党的十一届三中全会以后，她根据国际国内形势的变化和我国对外开放的需要，积极推动对外承包工作、劳务输出、合作租赁和对外投资办厂等多种形式的对外经济合作，积极推动我国远洋渔业船队率先"走出去"打开国际市场，开拓我国对外经济技术合作新的业务领域和工作范围。

陈慕华在担任国家对外经济贸易部长时，团结部党组一班人克服困难，整合工作职能和干部资源，认真研究解决外经贸事业发展中的重点难点问题。她坚定不移地贯彻对外开放政策，积极稳妥地推进对外贸易、对外援助、对外经济技术合作和外国投资管理的业务融合和深入发展。她认真做好经济特区建设、开放沿海港口城市、成立经济技术开发区等有关工作，加强我国利用外资政策的对外推介。主持进行了中国国际贸易中心的设立和北京吉普引进切诺基等一些重点项目，使之成为我国改革开放初期利用外资和先进技术的成功范例。她重视加强和完善对外援助工作，改进援外方式，突出援助效果，指导实施了肯尼亚体育综合设施建设等一批重点项目。她努力探索对外贸易管理体制改革，组织研究扩大机电产品出口和调整出口商品结构的政策措施，推进建立出口商品基地，广开运销对路货源，对转变我国出口增长方式、增加出口商品附加值、扩大创汇途径、提高经济效益起到了重要作用。她还组织研究进一

1995年9月，第四次世妇会闭幕一刻于北京

步加强和改进海关、商检工作的政策措施，按照中央部署启动恢复我国关贸总协定缔约国地位对外谈判的前期工作。她积极推动创办《国际商报》，努力宣传我国外经贸事业。这期间，我国外经贸事业得到了长足的发展。她在改革开放初期为推动我国对外开放、促进国民经济发展作出了突出贡献。

1978年4月起先后兼任中央爱国卫生运动委员会副主任、主任。她高度重视爱国卫生工作，积极推动恢复各级爱国卫生运动委员会，改变城乡环境卫生面貌，开创了爱国卫生运动新局面。她深入医疗、科研单位调查研究，听取专家学者意见。她认真贯彻中央关于加强中西医结合和预防为主的医疗方针，促进我国医疗卫生事业迅速发展。她认真执行我国新时期外交工作方针，组织广泛宣传对外开放政策，团结广大发展中国家，开展经济技术合作，增进国际友谊。为了发展旅游事业，她深入考察景点，调查旅游资源，指导国家旅游局制订工作方针，支持引进外资，完善旅游设施，为我国旅游事业的发展做出了极大努力。

陈慕华在担任国家计划生育委员会主任期间，她认真研究计划生育工作中存在的问题，积极倡导改变人们的生育观念，坚定不移地实行少生、优生和计划生育的政策。参与了《中共中央关于控制我国人口增长问题致全体共产党员共青团员的公开信》的起草工作。这一文件对国家计划生育工作具有划时代的意义，使全国计划生育工作逐步走上健康有序发展的道路。她建议成立了"中国计划生育协会"、"中国人口学会"、"中国人口情报资料中心"（后为"中国人口与发展研究中心"），推动了我国人口理论的学术研究。她注重计划生育科研工作，指导成立了"国家计生委科学技术研究所"，为国家培养了大批科研技术骨干，为我国人口资源环境的可持续发展作出了重要贡献。

陈慕华同志还担任中国花卉协会名誉会长，努力推动恢复和发展我国的花卉产业。她主张整合资源，调动各方面积极性，并指导创办了《中国花卉报》，促进了我国花卉产业健康快速发展，满足了社会经济发展和对外贸易的需要。

在任两届全国人大常务委员会副委员长期间，她坚持党的基本路线，认真履行宪法赋予的职责，为坚持和完善人民代表大会制度、推进社会主义民主法制建设进程付出了大量心血，作出了积极贡献。她重视立法和人大的监督工作，主持审议了环境保护法、城市规划法、铁路法、税收征收管理法、产品质量法等多部经济法律草案；加强了对财政经济工作的监督，形成了财政经济委员会听取国务院有关部门关于计划和预算执行情况汇报的会议制度。她注重调查研究，率领全国人大考察组赴三峡考察，为全国人民代表大会审议通过《关于兴建长江三峡工程的决议》发挥了积极的作用。她重视全国人大与外国议会间的交往交流，多次率团出访，坚持我国独立自主的和平外交政策，宣传人民代表大会制度，促进国家之间友好关系的发展。

在担任全国妇联主席和名誉主席期间，她团结带领全国妇联领导班子解放思想、实事求是、大胆探索、勇于实践，把妇女工作纳入全党工作大局，为新时期妇女工作的发展创新了思路和格局。她推动建立了国务院妇女儿童工作委员会、全国人大妇女儿童专门小组、全国政协妇女青年委员会，积极建议并推动制定了《中华人民共和国妇女权益保障法》及其他相关法律法规、《中国妇女发展纲要》、《九十年代中国儿童发展规划纲要》。她领导、组织在农村和城镇全面推开"双学双比"、"巾帼建功"、"五好文明家庭创建"三项主体活动，为城乡妇女更好地融入改革大潮、提高素质、贡献智慧力量搭建了广阔的舞台。为落实《北京行动纲领》和《妇女发展纲要》的目标，她因势利导启动了"巾帼系列行动"和"女性素质工程"，重点解决妇女在教育、就业、贫困、人才培养等方面存在的突出问题。为适应知识经济挑战和妇女高等教育事业需要，她协调各方，集资兴建了新中国第一所女性高等院校"中华女子学院"。在她倡导和努力下，全国妇联多次与中央组织部联合召开培养选拔女干部工作会议，建立妇女人才库，畅通推荐、交流女干部的渠道，推动形成培养选拔妇女干部的有效机制。她领导创办了中国妇女发展基金会，并亲自担任中国妇女发展基金会和中国儿童少年基金会会长，广泛动员社会力量为贫困地区妇女脱贫致富、为儿童健康成长办实事。她发起实施救助失学儿童的"春蕾计划"，集资兴建了300多所春蕾学校，帮助160余万失学女童重返校园。她倡导兴建"母亲水窖"，帮助干旱地区贫困家庭修建水窖9万余眼，小型供水工程1 100多处，使90余万人受益。她发起的"母亲健康快车"活动，为西部贫困母亲带去了党和政府的关爱。她倡导动员社会力量兴建妇女儿童活动阵地，并发起"中国儿女情系列活动"，多次举办海峡两岸妇女和妇女组织大型交流研讨活动，加强了大陆与港澳台妇女的沟通，增进了友谊。她领导妇联组织开展多领域、多层次、多形式的国际交流与合作，提高中国妇女在国际事务中的参与程度。在北京成功举办了第四次世界妇女大会，通过了具有历史意义的《北京宣言》和《行动纲领》，为促进国际妇女运动的健康发展、提高妇女地位、促进世界和平与发展作出了积极地努力。作为马克思主义妇女观的坚定倡导者和实践者，她高度重视妇女理论研究和创新，多次主持和参与重大理论问题的研讨。她主持全国妇联工作10年，为我国妇女事业的发展呕心沥血，促进了妇联工作的新跨越，开创了妇女发展工作可持续、良性循环的局面，提升了妇联组织的社会形象和社会影响力。

三、中国特色社会主义金融事业、特别是央行事业的坚定开拓者和主要奠基人

1985年5月，陈慕华同志兼任中国人民银行行长、党组书记。她是新中国中央银行的第二任央行行长。她贯彻执行当时国家金融工作的方针政策，紧紧围绕经济建设这个中心，使金融的整体工作提升到一个新的水平。

（一）强化中国人民银行的领导、管理、监督和调控职能，提高了中央银行的权威性

1. 取得各金融机构领导的配合和支持

作为中央银行的领导她把各个金融机构的发展都看成自己分内的责任，没有亲疏之分，一视同仁。20世纪80年代，随着改革开放的深入扩大和业务拓展，中国金融也需要树立对外形象，一些金融机构修建了一些办公用房，国务院领导发现后，曾几次在国务院的会议上

批评各地金融机构兴建楼堂馆所。陈行长多次解释说，我们各家金融机构建设的是银行营业用房，不是楼堂馆所。如果你这家银行营业用房破乱不堪，甚至还是干打垒的土坯房，那老百姓谁敢把钱存在你这里？哪个外资金融机构愿意同你打交道？各行遇到什么困难，她都亲历亲为，帮助协调解决实际问题。中国农业银行总行在北京公主坟环岛路边的办公大楼，当时同部队和北京市发生了利益纠纷，好长时间搬迁不了，影响了办公，影响了业务陈慕华行长了解到情况后，亲自把有关方面的领导召到她的办公室，向他们解释说，银行都是为你们服务的，大楼建起来，长期不进驻，影响办公影响了业务，对你们也不利。她要求大家让一下，让银行早点为你们办事服务。碍于这位老领导亲自出面协调，有关方面都同意陈行长的意见，这才使中国农业银行进驻大楼办公。

2. 得到各家金融机构对中央银行宏观调控政策的理解和支持

对中央银行实行的一些调控政策，陈行长都十分注意给各个金融机构的领导通气，有时还同他们到基层考察，边听取各行意见，边阐述央行的政策和主张，使各金融机构在理解的基础上认真贯彻执行。如她1986年到温州考察农村金融的改革和发展时，就把各家金融机构的领导都带上。她沿途的讲话，既是给地方领导听的，也是对各行领导进行言传身教，以得到各行的理解和支持。在从金华去温州的路上，中午途经她的老家青田县。利用在青田吃午饭的时间，青田县的领导，包括她的副县长弟弟等向她汇报，提出要200万元贷款进口意大利的切割机械，开采青田石，发展青田石雕产业。她不仅没答应给贷款，还批评他们知不知道银行的钱不是白用的，是要还款的，还要付给银行利息，这些你们都考虑了没有？在银行一年几千亿元的再贷款融资中，这200万元贷款实是微不足道，但陈行长的不循私情，对随行的各行领导都是一个生动而实际的教育。在温州考察了农村金融改革，深入了解了那里的民间借贷情况后，在沿途的讲话中，她既支持农村金融改革，又指出防止民间借贷中发生的一些问题，促使民间金融改革能够健康发展，把民间借贷纳入管控轨道。这样，既指导了民间金融的发展，又使各行理解和深入了解了中央银行的宏观调控政策。在宁波，当时的陈同海副市长向她汇报要几个亿贷款搞开发建设。陈行长当时问他，你们对还银行贷款是怎么安排的？陈同海回答说，还款那是我子孙后代的事。陈行长说，你借银行的钱，就不想还钱，银行到哪里去找你的子孙后代？这样的贷款银行怎么敢贷给你？以后她到各地考察，在大会小会都举这个例子，说宁波有个副市长，借银行的钱，就不想还，要他的子孙后代来还。我们银行上哪去找他的子孙后代啊？这样不想还钱的贷款，我们银行怎么敢放给他？随行的行长们也都上了一次生动的教育课。

3. 对一些同央行宏观调控政策闹对立、有意同央行搞对立的同志进行严肃批评处理

如当时了解到工商银行陕西省分行行长不听央行的指挥，另行搞了一些措施故意搞刁难对抗。她听到反映后，亲自到陕西出差，了解清楚情况后，当即同陕西省委和工商银行总行的领导交换意见，提出把这个行长撤职处理。这也直接起到了杀一儆百的效应，从而使央行的政令畅通，金融的宏观调控政策能够在全国上下金融机构得以贯彻执行。一年后，工商银行张肖行长向陈行长报告，这位受处分的行长对错误有深刻认识，建议重新安排工作，陈行长也同意了。

（二）积极推进金融改革，谋划建立多种金融机构并存与分工协作的金融组织体系

陈行长到任后，坚决贯彻党的十一届三中全会精神，积极全

面推进金融体制改革。在她的努力推动下，开展了交通银行的重新组建工作，开展了中信实业银行的组建工作。在深圳蛇口工业区，袁庚同志向她提出要组建招商银行时，她表示支持，并开玩笑说："你办事，我放心。"在批准筹建中国平安保险公司时，她批示："要建成改革的产物，不要变为改革的对象。"她派了邱晴副行长和中国金融学会秘书长殷介炎同志到深圳实地考察农村信用社改制和筹建深圳发展银行的改制筹建情况。根据调查考察的意见，经总行党组讨论及她的批准，深圳发展银行完成了改制工作，后来成为中国编号为001的最早上市的五家公司之一，开启了中国银行业股份制改造并筹备上市的先河。

1986年11月24日，陈慕华行长在陪同邓小平会见美国纽约证券交易所原主席约翰范尔林时，客人送给邓小平一枚美国纽约证券交易所的证章。陈慕华为给邓小平准备回赠礼品，调集了当时全国各地出台的股票，最后选定上海飞乐股票样本，以上海分行副行长周

本文作者王喜义夫妇同陈慕华老行长夫妇

芝石签名作为持有人回赠客人。后来在客人要求下，更改持有人姓名过户给约翰范尔林时，上海分行原行长李祥瑞带同客人，去上海市的一个证券交易部办理了过户手续，并免收了一元钱的过户费，后来这张飞乐股票成为外国人拥有的第一张中国股票，陈列在纽约证交所的展览厅。这样，在中国改革开放仅仅六年，就在陈慕华的策划下，通过伟人之子把中国股票的影响扩散到世界。

据北京市西城区提供的资料，北京金融街规划用地103公顷，建筑面积402万平方米，全部投资近500亿元。金融街区域内的金融资产规模达到40万亿元，占全国金融资产总额的47.6%；控制着全国90%以上的信贷资金，65%的保费资金，每天的资金流量超过100亿元人民币。金融街区域内集中了中国人民银行、中国银监会、中国证监会、中国保监会等中国最高金融决策和监管机构；集中了中国人民银行清算中心、中国国债登记结算公司、中国证券登记结算公司，成为中国金融业的资金清算中心。金融街内已有各类企业总部和地区总部152家，世界500强企业中有12家外资金融机构总部在北京金融街设立了分支机构。高盛集团、摩根大通银行、法国兴业银行、瑞银证券等70多家世界顶级外资金融机构和国际金融组织入驻北京金融街。2012年北京金融街实现增加值2 592.5亿元，同比增长14.4%，占北京市地区生产总值的14.6%；实现三级税收2 484.8亿元，同比增长29%，占北京市三级税收总额的30.8%。所以中国的金融建设，是从陈慕华任上基本上完成了建立以中央银行为领导，专业银行为主体，多种金融机构并存和分工协作的金融组织体系。

（三）在推进金融改革中，改进和完善中央银行的调控手段和调控方式，提高了中央银行运用货币政策调控经济能力

陈慕华接手中央银行行长时，正面临"经济过热"、"信贷膨胀"的严重情况，急需强化中央银行的宏观调控能力。这就需要有宏观洞察力，有权威、有手段和办法，更要有决心。她狠抓金融宏观调控，促进金融体制改革，不断探索国民经济转轨时期金融宏观调控的手段和方式。她在改进计划调控手段的基础上，引入运用利率、存款准备金率、中央银行再贷款等手段控制信贷和货币供给，在制止"信贷膨胀"、"经济过热"、促进经济结构调整的过程中，提高了中央银行运用货币政策调节经济的能力。她提出并推动建立强有力的、灵活自如的、分层次的金融调控体系；建立以银行信用为主体，多种渠道、多种方式、多种信用工具聚集和融通资金的信用体系。为了建立金融机构的现代化管理体系，她有步骤地开放金融市场，加强和改善外汇管理等。在总结深圳进行外汇调剂试点的基础上，她批准在各省会城市和计划单列市全面实行外汇调剂，并指示国家外汇管理局在成都召开全国会议，进行推广。在这个基础上才开拓和发展了中国的外汇交易市场。

（四）加强金融基础和金融队伍建设，为中国金融事业的发展奠定了坚实的基础

陈行长重视金融监管和金融法制建设，主持起草了《中华人民共和国银行管理暂行条例》，为后来有关重要金融法律法规的制定和实施奠定了重要基础。她积极推动我国金融对外开放事业，扩大国际金融合作，促成我国成为亚洲开发银行的成员，提高了中国金融业在国际金融事务中的地位。她注重金融基础建设，深入基层调查研究，狠抓金融机构领导班子和职工队伍建设。她注重人才培养，扭转了总行三次"反党"案件对干部的错误看法，历史地、全面地评价一个人的工作能力，注重使用年轻同志，注重发挥干部的一技之长。她创办中国金融学院，支持和推进人民银行研究生部的发展。为加强金融宣传工作创办了《金融时报》，并亲自选调总编辑，撰写了"发刊词"。她注重金融的科技发展，提高金融运作效率。为了帮助消化广西北海的走私汽车，经国务院有关领导同意，她决定把这批"走私汽车"买下，作为银行的公务车，改善运钞状况，一些基层银行同志由此将这批车子称为"陈慕华的车子"。她为实现邓小平同志提出的"把银行办成真正的银行"的目标奠定了坚实的基础。

四、家庭中的贤妻良母

陈慕华同志是我们党和国家的杰出领导人，同时在家庭里又是一个贤妻良母。

职务级别比她低、年龄比她大的老伴做头部手术，她每天无论工作多么忙，下班多么晚，都要先赶到医院去探视，她的老伴比她在世时间长，与她多年的照顾是分不开的。

在出差的专列上，陈行长给老伴剥一粒葵花子老伴就吃一粒，而没有见到她自己吃一粒葵花子；在用餐时，陈行长知道老伴喜欢吃什么，她每餐都亲自往老伴的盘子中夹菜，老伴喜欢吃什么菜，吃多少，她都知道。她夹什么菜，夹多少老伴就吃多少，衣食住行照顾得无微不至。

1987年大年初一，我同夫人去她家拜年，中午她留我们在她家用餐。她说今天是初一，我的几个女儿都留在她们家陪公公婆婆，初二才回来看我们，今天正好你们夫妻二位来了，陪我们一起吃个年饭吧。在用餐时，我心想这么高的领导都能注重中国的习俗让女儿尽孝道，真是平凡中见伟大。陈慕华行长带头移风易俗，她交代女儿，身后将其骨灰撒向大海。在她逝世一周年时，已经实现了她的夙愿。

陈慕华努力学习，与党中央保持高度一致。她具有坚定的政治立场和高度的政治敏锐性，坚持真理，坚持原则，实事求是。她党性强，顾全大局，把党和人民的利益放在首位。她勤于学习，注重

部分银行同志：侯颖、邱晴、殷介炎、洪允成、张肖、荣凤娥、王喜义、刘崇明、张静、洪虹、韩平等为老行长陈慕华祝贺八十大寿

把理论同实践结合起来，工作深入细致，重视调查研究，善于总结经验，富有开拓创新精神。她作风民主，宽厚待人，团结同志，乐于倾听不同意见，密切联系群众，关心和爱护干部。她光明磊落，无私无畏，勤勤恳恳，任劳任怨。她严于律己，清正廉洁，生活俭朴，对家属和身边的工作人员要求严格，保持了共产党员的光荣本色，备受人们敬重。

我们要学习和弘扬她的革命精神、崇高品德和优良作风，为推进中国特色社会主义伟大事业而努力奋斗。2014年5月，恰逢陈行长过世三周年，我们借编辑出版《中国金融之花》之际，纪念和缅怀这位中国共产党的优秀党员，久经考验的、忠诚的共产主义战士，无产阶级革命家，我国经济工作和妇女儿童工作的杰出领导人，以寄托我们挥之不去的无限哀思。我们要永远以她革命的一生，战斗的一生，为党和人民无私奉献的一生，追求真理、献身共产主义事业的一生为学习榜样，为人民的宏伟革命和建设事业鞠躬尽瘁，死而后已。

这样告慰她的在天之灵，就是对她的最好纪念。

（执笔人：王喜义，中国人民银行深圳分行原行长）

与企业同命运，共呼吸

——记中国工商银行原行长张肖

张肖

1936年生于陕西。

1951—1954年，中国人民解放军西北军区空军司令部秘书。

1954—1958年，中国人民大学财政信用系学生。

1958—1983年，中国人民银行历任科员、副处长、处长，副局长、局长。

1984—1997年，中国工商银行历任副行长、党组成员；行长、党组书记。

1997—2002年，中国中信集团公司副董事长、党组成员。

中共十三大、十四大代表，全国人大常委会委员、财经委员会委员。

2009年于中国工商银行退休。

一、从解放军小兵到国家银行工作人员

1950年冬，抗美援朝战争烽火燃起，刚刚解放的古城西安，掀起了青年学生参军的热潮，大街小巷锣鼓喧天，一辆辆军车载着戴大红花的男女大中学生掠街而过。正在读初中二年级的张肖被这动人的场面吸引了，她怀着对参军的向往和对新社会新事物的憧憬，追随着姐姐，毅然参加了中国人民解放军空军的队伍，那一年她还不到15岁。

在军队里，紧张的学习生活、严格的军事训练、严密的组织纪律，养成了她渴望学习科学知识和服从组织执行纪律的良好习惯，她梦想将来成为一名熟悉技战术的军事参谋。1954年，部队现代化、正规化建设迈出大步伐，上级决定女军人大批转业复员到地方。这时，刚好18岁的张肖，和她原届同班同学一起走进了大学的校门，她成为中国人民大学财政信用系信贷专业的一名大学生。

张肖在大学里刻苦学习，所有的课程对她都是新鲜的。对知识的渴求和在部队养成的坚强意志，以及遵守纪律的良好习惯，使她最后以四年全部课程全优的成绩毕业。1958年秋，她被分配到中国人民银行天津市分行做信贷管理工作。这一年，她正好22岁。

张肖对信贷工作敬业爱岗，认真学习和坚决贯彻毛主席关于"发展经济保障供给"财经工作总方针，深信实体经济是基础，金融服务于实践经济这一真理，金融离开实体经济必将一事无成。在职业生涯中，她把自己的工作与企业的供产销紧密相连，与企业同

命运共呼吸。

入行后，她从最基层的信贷员工作做起，拜老信贷员为师。她骑着自行车，拎着小公文包，跟着老信贷员下厂入室，到车间仓库，到供销财务科室，点库存看成品，看报表算细账。她早出晚归，经常和企业职工同吃同劳动。遇到企业清仓查库，她一蹲就是几个月。当时天津有名的国有企业天津电缆厂、天津起重机厂、天津开关板厂、仪表厂等都留下了她的足迹。

1960年，张肖从天津分行调入人民银行总行工商信贷局从事工业信贷管理工作，一干就是24年。在这期间，她认真贯彻党和国家的金融方针，贯彻经济和信贷政策，该放松时放松，该收紧时收紧。她跑遍了全国的大中城市，深入企业调查研究，帮助企业排忧解难。鞍钢、包钢等十大钢厂，一重、二重、沈重等十大重型工厂，一机床、二机床、中捷友谊机床等十大机床厂她都去过。她和企业广交朋友，关心它们的生产和资金情况。许多企业的厂长、财务科长和她都有热线联系，建立了深厚的友谊，以至后来她从行长位上退下来时，鞍钢、一重、湘潭电机的厂长都到北京去看她。

1989年，张肖同志（右二）在四川绵阳第二重型机械厂进行调研，其左右分别为该厂的党委书记和厂长

20世纪80年代，为了抑制通货膨胀，增加市场商品供应，中央决定银行三年发放60亿元的轻纺专项贷款，每年20亿元，用于增加"老三大件"、"新三大件"以及的确良布的生产和供应。为此，张肖和国家经贸委轻纺局、技改局的同志密切配合，跑遍了全国的手表厂、自行车厂、缝纫机厂。在湖北、河南等产棉大省布设棉纺厂时，她们坐着吉普车，顶着烈日一天一个县地跑，既解决了棉花积压的出路，又解决了多余劳动力的就业问题，还增加了市场布匹的供应。

1990年，张肖同志（右三）陪同第七届全国人大常委会副委员长习仲勋（左二）视察全国技术改造贷款成果展览

二、当最大国家专业银行行长

1984年，随着改革开放和市场经济发展的需要，中共中央和国务院决定中国人民银行专门行使中央银行职能，同时分设成立中国工商银行，承担原由人民银行办理的城市储蓄和工商信贷业务。1984年1月1日中国工商银行正式成立，当时张肖同志被任命为副行长，次年7月被任命为行长兼党组书记，成为当时国内最大的国有专业银行的行长。工商银行成立时各项存款1 200亿元，工商企业贷款2 200亿元，资本金800多亿元，城市市场占有率90%以上；营业机构2万多，员工28万多人。

确立"存款第一"的方针。张肖深知存款是商业银行立行之本，没有存款就没有商业银行本身。当行长后她立即提出"存款第一"的方针，在全行确立"存款第一，储户第一，服务第一，信誉第一"的指导思想，提出了"存款第一言必及存"的行动口号。为此，工行大力增设营业网点，增加储蓄专业人员，增加储蓄品种，实行揽存责任制。为改进服务，张肖针对当时银行工作懒散情况，提出柜台纪律"五不准"，即上班不准聊天，不准看书看报，不准干私活，不准对顾客说"不知道"，不准把顾客拒之门外。在"存款第一"方针指导下，在诸多措施的保证下，储蓄存款持续稳定较快增长，到1996年4月，工商银行存款突破万亿元大关，壮大了资金实力，有效支持了国家经济建设，工行自身也巩固了储蓄主渠道地位。

重点支持国有企业支持国有经济发展。张肖同志深知国有企业是社会主义经济的基石，是建设社会主义国家最可依靠的物质力量。工商银行成立后，她一直把支持国有大中型企业发展作为自己的任务，始终不渝，不离不弃。她常说，我们是国家的专业银行，是专门为工商企业服务的银行，支持国有大中型企业是我们义不容辞的责任。为此，他们一是在年度计划和五年计划中把国有大中型企业列为重点，在贷款政策上予以倾斜，在资金安排上予以保证。二是灵活调度资金确保大中型企业资金需要。全行工业贷款由成立初期的1 000多亿元，到1997年末增加到1.1万亿元，增加了10倍，其中国有大中型企业占90%以上。三是建立了国有大中型企业资金保障监测系统。当时在工商银行开立基本账户的企业有4万多户，银行对其中的8 000户中型以上企业和1 000户大型骨干企业建立了贷款台账，进行重点监测。对1 000户中的鞍钢、一汽、二汽等404户特大企业实行资金计划单列，给予"双保险"。

工商银行由于重点支持了国家重点企业，重点项目，支持了优质名牌适销对路出口创汇的企业，取得了良好的效果。这一时期宝钢冷轧薄板生产线、南海天然油气田开发、葛洲坝水利工程枢纽、大亚湾核电站建设，鞍钢中厚板等技术改造、塔里木油田开发、长春一汽奥迪生产线引进等项目投产建成。这些项目中工商银行都给予大量贷款，产生了极大的经济效益，提升了国有大中型企业的经济实力，有力地支持了国家经济建设。

推行"三票一卡"解决"腰缠万贯"问题。20世纪80年代，改革开放的热潮带来市场经济的活跃，但银行的结算工具落后，服务工作跟不上。当时国内互联网和电子货币还没有产生和使用，人们在经济往来和商品交易中不得不携带大量现金，因此，产生了当时流行的"腰缠万贯"问题，引起社会很大反响。由于社会资金流动不畅、不灵活、不方便，也给市场交易带来不便。作为城市主要结算银行的中国工商银行面临很大的改革压力。在党中央和国务院的指示下，在人民银行的支持下，工商银行积极创新并推行"三票一卡"，即鼓励企业使用商业汇票、银行本票；个人使用银行支票和转账支付卡（借记卡）。1985年，张肖在成都召开全行会计出纳会议，动员和部署改革结算方式，大力推广"三票一卡"，解决"腰缠万贯"问题；1986年，工行在北京、天津等全国13个大城市率先开通直达电汇、定额汇票、旅行支票、活期储蓄存款异地通存通兑和个人汇款五项新结算业务，极大地方便了企业和个人的资金活动；1987年，工行广东分行发行了全行第一张信用卡（红棉卡），在此基础上，张肖亲自主持高层领导会议，决定全行统一发行定名为"牡丹卡"的信用卡。牡丹作为花中之王，意喻富贵吉祥。此后，牡丹信用卡广为发行至国内外。截至2013年末，发卡量8 800万张，年消费额1.6万亿元。目前，"牡丹卡"已成为国内男女老少身上必备之物，为经济往来、市场交易、人们消费出外旅行提供了方便，还为银行吸收存款、办理结算、减少现金使用起了重要的推动作用。

1990年，张肖同志（左一）和时任中国人民银行行长戴相龙（左二）出席国际储蓄协会在北京举行的年会并发言

　　积极向国有商业银行过渡和转变。工商银行成立初期，继承了计划经济时的银行体制。为了适应市场经济的发展，张肖认为必须对"吃大锅饭"和"官气十足"的旧银行体制进行改革。张肖抓住改革城市行这个中心环节破题，通过向城市行放权和向下收权，建立以行长负责制为中心的目标责任制和考核制度，适度集中资金并成立营业部直接办理业务，初步实行"自主经营，自负盈亏，自担风险，自我约束"等改革措施，使全行五六百个城市行的面貌发生了根本变化：增加了经营活力，更新了经营理念，扩大了业务服务，增加了资金实力，创新了经营管理机制，还培养了一批经营管

理骨干力量。

1992年，邓小平同志南方讲话吹起了进一步深化改革的号角，党的十四大正式提出了建立"社会主义市场经济"的改革目标。1993年末，国务院出台了《关于金融体制改革的决定》，要求国家专业银行改革经营管理体制，向国有商业银行机制转变。1995年，全国人大正式通过和颁发了《中华人民共和国商业银行法》，对商业银行的设立和组织机构，存款人的保护，经营原则，监督管理，风险防范等做出了法律规定，要求银行成为"自主经营，自担风险，自负盈亏，自我约束"的法人实体。

为了适应这一历史性的转变，工商银行一是率先实行了统一法人制度，总行行长为法人代表，各分支机构在总行授权范围内依法开展业务，民事责任由总行承担。二是实行全行资金统一调度和集中管理，各级行占用资金实行有偿使用。三是全面推行了资产负债比例管理，在规定比例范围内使用资金。四是建立了以风险控制为中心的信贷管理机制，逐级成立了审贷委员会或审贷小组，实行审贷分离。五是率先成立信贷资产保全部门，设立风险考核指标体系，定期考核公布。六是建立内部监控机制，强化稽核监督职能。七是调整内部组织机构，控制人员增长，逐步实行集约化管理。

张肖在任行长期间，充分发挥了工商银行作为国家专业银行为工商企业服务、提供资金支持国民经济发展的作用；也为工商银行由国有专业银行向国有商业银行转变奠定了基础，进行了必要的准备。

张肖同志在这个全国最大的国家商业银行工作了12年，成为当时任职时间最长的行长，也是唯一的一位女性总行行长。在这期间，张肖还当选为党的十三大、十四大代表，当选为十四大中央候补委员。1997年1月，工行召开行长会议，新老行长交替。时任国务院主管金融工作的朱镕基副总理，破例在中南海小礼堂为张肖卸任举行会议。会上朱镕基副总理对张肖同志和工商银行的工作给予高度评价。一个副总理为自己的下属卸任送行，专门在中南海开会这还是第一次。

三、从行长到全国人大常委

1998年八届全国人大换届，张肖作为金融界的专家被选为九届全国人大代表和九届人大常委以及财经委委员。她是18个女常委之一，也是财经委唯一的女委员。2003年，张肖同志又连任十届全国人大代表、人大常委、财经委委员，在全国人大一干就是10年。

1998年，张肖同志出席全国人大第九届第一次会议，此为大会现场

在全国人大工作期间，张肖同志以她五十多年的金融工作经验和知识，参加了立法修法、执法调研、执法监督工作。她积极参加了《中国人民银行法》、《商业银行法》、《银行业监督管理法》、《证券法》、《信托法》、《保险法》、《证券基金法》、《中小企业法》、《资产评估法》等法律的制定和修订工作。这些

法律适应了我国经济发展和金融事业发展的需要，目前都是金融管理监督工作的准绳，从而奠定了我国金融法律制度的框架和基础。

张肖同志在全国人大工作期间，多次领队和参加执法调研工作，包括《统计法》、《预算法》、《劳动法》、《建筑法》、《公路交通法》和《证券法》等，也参加过多次国民经济重大问题的调查研究，如煤炭企业事故多发、建筑企业拖欠农民工工资、九年义务教育的落实，建设社会主义新农村、城市建设规划实施等。如在煤炭事故调查中，发现企业年末追求产量和利润，不顾安全，计划外大量招临时工不经培训就下井生产，甚至连带队下井的班组长都来不及认人，也不知自己带下去多少人。在调查城市建设中，发现只顾地上高楼大厦，不管地下管道铺设，以致别墅不通上下水、施工地面开拉锁的行为到处存在。调查后发现的问题和建议都向国务院反馈，有的多次在中央财经新闻频道播出，社会反响很大，引起了有关方面重视。

如今的张肖已经年近80岁，但她仍然关心着国内外大事，关心着金融事业的发展。特别是十八大以后，改革开放和国家建设事业有了更好更新的发展，她对在习主席领导下实现伟大的"中国梦"充满信心。

2004年，张肖同志和女儿、外孙女在美国华盛顿游览

盛开在她心中的月季花

——记中国人民银行原人事司司长李香芝

李香芝

1932年6月24日生于河南省禹州市，大专学历，1949年4月23日参加革命工作，先后在河南省郑州市和湖北省汉口市新接管国民党的印钞厂从事封包员、记工员工作。1952年12月加入中国共产党。

1950年3月至1953年2月，中国人民银行中南区行人事局，任科员。

1953年3月至1959年2月，中国人民银行总行人事司，任科员、秘书。

1959年2月至1960年2月，下放山东省平原县王大掛公社进行劳动锻炼。

1960年2月至1969年5月，中国人民银行总行人事司、政治部，任科员、领导秘书。

1969年5月至1971年3月，下放河南省淮滨"五七"干校劳动。

1971年4月至1981年1月，四川省东河印制总公司宣教处、办公室，任干事、科长、办公室副主任职务。

1979年底，中国人民银行总行人事司，任干部处副处长、处长、副司长、司长。1993年离休。

1993年北京华夏证券公司，任副董事长，1996年离职。

　　李香芝，1932年出生于河南省禹州市，电视大学金融专业毕业，获大专学历。1952年12月加入中国共产党，1993年离休。她酷爱月季花，月季花期长，春夏秋冬都开花，有黄色的、红色的、粉红色的、白里透红的，大方美丽。

　　1949年4月23日，经地下党叔叔带领，她参加了革命工作。谈起自己的成长，李香芝激动地说，南京解放的日子——1949年4月23日，就是她走上革命道路的那天。那时她的继父在晋商当大掌柜，招工来的伙计大都是共产党（地下党），她因此接触到不少共产党人。她参加革命工作后，先后在河南省郑州市和湖北省汉口市接管国民党的印钞厂，从事封仓员、记工员工作。在1949年共产党解放长江以北、进驻武汉之前，李香芝主要是配合地下党接管印钞厂，印钞票支持新解放区，接管武汉的后勤工作及伪中央银行。1953年，李香芝调到中国人民银行总行办公室工作。1959年被下放山东省平原县五大掛公社进行劳动锻炼，和农民同吃、同住、同劳动。经过一年的锻炼，李香芝又回到人民银行总行人事司。当时人民银行总行成立了政治部，主任是耿道明、王连科。李香芝先在秘书处工作，后进组织部工作，负责人事管理。谈及此事，她高兴地笑着说："我这工作，就是因为写得一手好字。"她写字美观大方，文字语言流畅，得到同志们的欣赏、赞扬。因为写一笔好字，她承担了不少文字起草工作。以前是没有打字机的，能写出一笔好字对她的成长进步有很大影响。耿道明主任、张茂浦司长对她写字写得清楚、词句用得好很欣赏，出去开会的文件起草重任就都落在李香芝的肩上了。李香芝成了女秀才，美名远扬。

　　话说回来，在学校读书时，李香芝就擅长语文，爱写文章，有的文章还刊登在禹县报纸上。她对自己从小语文学好、文字精练、作文和日记都得双红圈很骄傲。她解释说双红圈就是表示准备选登到校黑板报。

　　她慷慨地讲："我有这笔好字，就是工作武器，有利于为党作出贡献。"她起草的文件，文字精练，表达能力很强，反映问题透彻，能够达到领导的要求。

　　正因为她有这一长处而又具有朴实、稳重的性格，李香芝一直坚持在人事工作岗位上。

1983年在中央党校

　　1969—1971年，她随干部下放劳动的大军来到河南省淮滨县"五七"干校劳动。两年后，人民银行总行在四川省内建立了东河印刷公司。1978年党的十一届三中全会后，中国人民银行人事部门任务加重，遂积极贯彻改革开放的政策，将大部分下放"五七"干校以及三线的干部选调回机关。她说："回来的人很多。为加强总行的领导力量，从各方面调干部，选拔骨干力量，干部调回不少人。李香芝同志也随之回到总行人事司工作。1983年，她被任命为人事司副司长，因原司长赵侠身体不好，人民银行原党组成员翟成同志宣布李香芝代司长主持工作。1990年，李香芝被任命为人事司司长（正局级）。她感叹自己干了一辈子人事工作，培养和锻炼了自己看问题的敏锐性、尖锐性，尤其是对人的要求不一般，李香芝在工作上掌握的用人原则是：必须经过群众推荐，对司局级干部则是民主推荐。再有才干，道德腐败、贪污腐化的不能提拔。

在长期从事人事工作的实践中，李香芝认识到，从事人事工作的干部和工作人员必须事事严格要求自己，在选拔各级领导干部和招收、接纳金融工作人才时，都要认真贯彻中共中央组织部规定的"德才兼备、以德为先"的原则。她认为只有这样，才能为我国的金融事业选拔更多的优秀干部和精英人才。

（一）德

1. 廉洁奉公。金融是国民经济的命脉，银行是国家的要害部门，所以对银行工作人员的要求是很高的。银行工作人员必须绝对清廉自洁，作风正派，热情诚恳，认真负责，不徇私情。过去有人说："常在河边走，哪能不湿鞋。"银行工作成天和钱财打交道，就是不能湿鞋，不能见钱眼开，贪污盗窃，因为这是国家的钱，不是你自己的，必须公私分明，绝不能公私不分、假公济私。这样的人是决不能任用的。在工作中也并不是没有遇到过说情请托的事情，但人事工作者对所有要求进入银行工作的人员都经过严格考察，符合国家政策原则的，才量才录用，杜绝走后门等不正之风。

2. 有事业心。金融对国民经济有举足轻重的作用，是一项重要的事业，从业者必须有足够的事业心，愿意为此而奋斗一生。我们用人，是比较慎重的，不是看一时一事，不是看你说得怎么样，而是看你做得怎么样。有了比较可靠的了解，再听取有关各方的意见，经过公示，才正式录用。

3. 不怕困难，迎难而上。金融工作是一项服务性工作，要有全心全意为人民服务的意志。在工作中一定会遇到许多困难和阻力，一定要有充分的克服困难的勇气和信心，决不能遇难而退，畏缩不前，撂挑子，打退堂鼓。这是选用人才的一个重要标志。

4. 心怀宽广。银行工作人员接触人多，要广交益友，广泛听取各方面的意见，开展批评和自我批评，提高自己的思想道德品质。当领导的更要以身作则，实事求是，以德服人，克服官僚主义和形式主义。

与于耐冬同事在一起

（二）才

1. 要有开拓创新精神。现代金融具有全球化特征，牵一发而动全身，各项业务不断创新，层出不穷，同时政策性强、竞争性强银行工作人员必须熟悉金融政策，明了金融业界的变化动态，有一定的工作经验，在实践中不断创新、提高，赶上并适应时代的潮流，不能墨守成规、多年一贯制，要努力创新赶超，才能立于不败之地。

2. 重学历，不唯学历论。现代金融比较复杂，需要有广博的知识，所以对入行人员的学历要求要高一点，这也是正常的。现在进入银行工作的绝大部分是大学生，甚至硕士、博士，还有不少的海归，这是工作的需要。但是注重学历不能唯学历论，对于有些学历并不很高却有真知灼见、有实践经验的有识之士，也要录用。要充分信任他们，充分发挥他们的聪明才智。要大力加强培训工作，开办各种学习班，通过各种渠道学习新知识，不断提高金融从业人员的学识和工作水平。

3. 因才施用。金融工作涉及的面是很广的，门类也很多，有的是搞理论研究工作的，有的是搞调查统计的，有的善于搞对外谈判，有的则着重搞一线的金融业务。对各类人才的要求不同，要因人施用，因才施用，各取所需，充分发挥各方面人才的专长，做到人尽其才，才尽其用。

4. 金融工作人员要有严格的组织性、纪律性，要严格遵守国家机密，忠于职守，不能利用现代科学技术干坏事。人事干部要勤于考察，奖惩分明，充分调动每个人的工作积极性。

李香芝再三讲，当时经人事司推荐、国务院任命的局级干部或银行内的处级干部，自她1993年离休到现在，没有发现一个犯罪的，包括省、市分行领导。

李香芝1993年离休，当年61岁。人民银行总行党组李贵鲜行长、郭振乾副行长派她去深圳新成立的证券公司工作，由于当时母亲身体不好，李香芝需要照顾家庭，经行领导研究，同意她留任华夏证券工作，负责招聘"德才兼备、以德为先"的优秀干部以及工作人员，并组织干部培训工作等。1993—1996年，在华夏证券公司工作的几年里，她为了学习证券业务，白天上班，晚上加班，同时出国考察，学习国际经验，在培养、提拔证券公司干部等用人方面始终坚持"德才兼备、以德为先"的原则。

和老伴在家中

老有所依。李香芝老伴儿吴钟璘，是中国工商银行负责教育工作的领导，她们有一个儿子、一个女儿，全家美满幸福。1998年，李香芝被查出患了癌症，但她积极治疗，到现在看起来非常精神。不少朋友、同志都很关心她，夸她身体能保持这么好，主要是她心态好，一直保持心情开朗。她说："有病不怕，心里不要有压力，还要坚持参加适当的运动。"

养生是大家关心的事，她诚心实意地感谢同志们，愿同志们欢乐生活每一天，健康自在每一天。

（本文由中国金融出版社原总编辑李福钟整理）

与中行共成长

——中国银行浙江省分行
原行长赵征的人生感悟

赵 征

　　1926年1月生于上海。1942年4月参加新四军。1942年8月加入共产主义青年队。1943年5月加入中国共产党。1944年调入山东省人民政府任省政府秘书兼会计。1947年调入张鼎丞同志领导的土改实验团。1948年调华东局高级党校学习。1949年上海解放后调入人民银行华东区行农金处任科长兼训练班政治教员。1951年调入人民银行上海分行，先后任营业部副主任、私企业务处副处长、国营企业信贷处副处长。1956年5月调入人民银行总行国外局，先后任科长、处长、副总经理。1983年调中国银行浙江省分行任行长。1992年离休，享受副部级医疗待遇。党内曾任党组书记、总支书记、支部书记等职。

1983年10月，中行总行原党组书记卜明行长通知我说："组织上已与浙江省委、省府领导同志谈妥，要借调你到中国银行浙江省分行工作。希望你能响应干部要上下交流的号召，在总行总经理级干部中带个头，打响第一炮。"当时我听完后虽然感到突然，但十一届三中全会党中央提出"对内搞活经济，对外实行开放"的政策深深鼓舞着我，我愿意到第一线去奉献力量。那时我爱人过世三年，家中四个孩子，三个都未成家，我已经57岁，按中组部规定到60岁就该离休，去浙江工作也只剩下三年时间。如果要去，我就必须珍惜这段有限的时间。经过一夜思考，第二天我向卜明行长表态，并自立三条承诺：第一，三年内在总行下达的各项业务指标的基础上提前翻番；第二，积极发现人才，培养一批德才兼备的干部；第三，建成中行省分行办公大楼。卜行长听了我的表态后很高兴，说了四句话："依靠领导，团结同志，谦虚谨慎，注意身体。"1983年末，我只身到了浙江。

到了中国银行浙江省分行后，为了发挥全体员工的集体力量，也为了便于大家对我工作的监督，在第一次与浙江分行全体职工的见面会上，我就宣讲了三条承诺的内容，后来这也成了全省分行职工的共同奋斗目标。在1983年末至1987年末这届省行党组成员四人中，我任书记，李训、付必成、申松君（已派往香港工作）三位副行长是成员，党组一班人是团结的，既有分工，也能相互支持，协作配合，各自发挥能动性，充分发扬民主，开展批评与自我批评，有股雷厉风行、共同负责的精神，发挥了一班人的集体作用。我们在浙江省委、省政府的正确领导下，在总行领导的关怀与支持下，在全体职工的共同努力下，截至1986年末，我们提前和超额完成任务，实现了三项目标。

一、我的"承诺"实施情况

（一）三年内业务指标翻番

截至1986年末，中行浙江省分行人民币存款余额4.08亿元，为1983年末883万元的46.2倍；外币存款9 204万美元，为1983年的4.77倍；外币贷款1.7亿美元，为1983年的44倍。

1986年末，省分行已与90多个国家和地区的696家银行以及1 480个分支机构建立了代理业务关系；省分行下属分支机构由1983年的7个增至18个。

1986年，在全国30个省市一级分行业绩中，浙江省分行由1983年排名第14位上升到第7位。

（二）培养一批德才兼备的干部

1983年，全省分行职工人数为493人，到1986年增至752人。在干部培养使用上，我们严格按德才兼备、以德为主，以人为本，人尽其才，才尽其用的原则。1983年省行机关本身干部才几十人，平均年龄43岁，省辖职工493人，很难跟上业务发展的需要。按小平同志"办好中国银行的事情，关键在党，关键在人"的指示，领导层统一了认识，即：要以人为本，不养懒人，不要庸人，要把中行变为强者的角逐台。因此分行党组研究决定从三个渠道进人：一是招收表现好的上山下乡知青；二是银行学校毕业的优秀生，三是部队复员、转业或差10分没考上杭大、浙大的高中毕业生，或商调其他单位表现好的优秀青年。中行是外汇专业银行，为适应业务需要，我们十分重视对年轻人的培养。新进行的年轻人必须进行培训才能上岗，大部分都在一线柜台上工作一段时间，根据每个人的才华和表现，才能分到管理部门；对科以下的干部由省行自己开办信贷、会计、出纳、进出口、储蓄等训练班培训；对处以上干部轮流派往总行在北京、上海、杭州等地的研修院或培训班学习；对符合干部"四化"标准的苗子就通过总行派往中行驻香港、伦敦、日本、新加坡、悉尼等分行去实习或工作。在政治思想工作上，把爱党、爱国、爱中行放在首位，端正党风，加强为人民服务的理念，鼓励勤奋。1985年省行提拔处级干部28人，科级41人，发展党员21人，平均年龄下降至30岁左右。实践证明，这些同志提到领导岗位后，工作大有起色，全省外汇、人民币存、放、汇、进出口等业务有了很大发展。浙江在历史上就出人才，在中行系统也不例外。到目前为止，这些同志靠他们自身奋发图强的努力和历届省行领导的重视培养，至今厅局级干部有22人，其中目前在本省任职6人，调外省市中行系统8人（其中一级分行行长5人），调出中行在外单位任职6人，病故2人。

此外，党组对犯错误或有过失的干部，在处理时非常慎重，一定会查实事实真相，分清错误性质，对确有罪行的，绝不姑息迁就；对"三查"不严或因执行上级规定而造成过失的，一定采取保护措施。1985年中行系统普遍受到审查，全省干部中查出宁波分行一名信贷员受贿人民币4万元。经查实罪行后，对这种见利忘义、以身试法的人，党组绝不姑息迁就，同意逮捕判刑。宁波地区检察院在中行要找一个不贪污、不受贿、有渎职行为的犯罪分子，说中行给某个乡镇企业的特乙贷款中有一小部分款额被该企业搞了投机倒把，准备将该行正、副行长定为投机倒把共同犯罪，决定拘留，并要我们宣布对他们停职检查。省行党组得知情况后，专门组织了调查组，经过核实情况，不同意该检察院的意见，特派付必成副行长多次与该市委书记、检察院、市纪委等领导说明，此问题是

贷后检查不严，但不属犯罪行为。李训副行长找省检察院交换意见，我也找了省领导王芳、沈祖伦、王仲麓等同志汇报了事实真相，说："他们如果一定要抓这两个行长，今后就没有人敢当这个行长。"王芳书记听了我的汇报，表示："要实事求是，否则将来要平反，"王仲麓副省长还举例子说："有人买了张小泉剪刀杀人，也要把张小泉抓起来吗？"得到省领导支持后，这两位行长才免予拘留。此外，绍兴、舟山两行，因为执行了总行信托公司规定，办理了投资性贷款，受到了该两地区有关部门的审查和批判，除了将银行收取贷款利息和红利没收上交财政外，还受到罚款处理，并决定对两位行长给予行政和党纪处分。对此省行党组决定，仍由付必成副行长负责，多次与当地有关领导交换意见，说明是因执行上级规定而造成失误，由省行党组承担责任。经过努力，这两个行的行长也没有受到处分，保护了干部的尊严和工作积极性。

（三）建成省分行办公大楼

1980年浙江省分行从人民银行分离时，只分得解放路一处200平方米的营业厅，而处、科管理部门却在另一地点朝晖新村上班，两地相距5～6公里，管理很不方便。原党组书记、行长程志亮于1983年已报请总行批准建造7层新大楼，落实了地点、动员和安排拆迁户搬迁等，为大楼基建做了大量工作，打下良好基础。随着中行业务的迅速发展，我认为7层肯定是不够的，所以在我调入省行后，曾不止一次地向总行汇报，争取扩大面积。但1984年正值国家又严格控制基建规模，基建款也由拨款改为贷款。为了使省行大楼不半途而废,我邀请了国家计委主管基建的孙司长亲临杭州,实地了解中行办公楼情况,并请他视察了全省分行系统简陋的营业用房,从而得到了他的理解与支持,最终同意省行大楼扩大规模,并增加国拨资金300万元。后经总行批准,同意建15层办公大楼(包括地下室金库),建筑面积14 395平方米,预算人民币1 369万元。

1984年11月29日,中行大楼破土动工,原计划两年建成。为了加速进程,我们在杭州市政府争取到将中行大楼作为市重点工程,并邀请到负责基建的王邦铎副市长,聘他为建造中行大楼的总指挥,市建委郭彰副主任与省行李训副行长为副总指挥,成立了由省设计院、浙江建筑公司与省行基建办等单位组成的现场指挥部,每周开一次办公会,有问题集体研究及时解决。同时我们也派人去深圳蛇口学习基建的先进经验。"时间是金钱,质量是生命。"在与建筑单位签订的合同中规定,如按进度、按质量大楼提前竣工,我们将发放奖金。实践证明这是加速基建进度行之有效的好经验,调动了500多位建筑工人的积极性,出现了昼夜24小时停班不停工、晚间灯火通明的建设高潮。仅用1年2个月的时间,提前9个月盖起了15层的营业大楼,其速度快、质量高、设备先进,当时在全省数第一。根据合同,我们给建筑单位发放了32万元奖金。大楼提前9个月竣工,没有遇上全国性的"三材"涨价,节约人民币100多万元。最终决算共用人民币1 352万元,为总行批准计划的98.7%,从基础结构到内外装修的质量合格率为91.84%。1986年6月,经国家城乡建设部检查组复评,达到国家优质工程标准,后又获得国家优质工程最高奖——鲁班奖。

新大楼建成后,感人最深的是全体省行职工都投入了大楼的搬迁。由于电梯还在调试,无法正常运行,我们几个领导决定:由行领导带头,动员全体职工自己动手,保管好自己的账册、报表、文件、单据等，绝对不能错乱、遗失，在没有雇用一个搬运工的情况下，于1986年1月11日（星期六）下午准备完毕，利用星期天公休的时间，用我们中行自己的2辆卡车往返于解放路和朝晖新村两地，将账册、桌椅、大铁柜全部搬完。他（她）们都是人抬肩扛搬上楼，个个汗流浃背，但没有一个人有怨言，没发生任何事故。难能可贵，场面十分感人。这次搬迁锻炼了我们这支年轻的队伍，也是对每一个人思想素质的一次考验。

1986年1月13日，星期一早晨，新大楼开业。浙江省委正、副书记，省政府正、副省长，省政府正、副秘书长，省人大、省政协等24位领导都到中行新大楼来祝贺，赞扬了浙江省分行。每个来宾都亲笔签名并题诗、词留念，以示鼓励。在沈祖伦副省长的带领下，在没有电梯的情况下，身体好的领导步行上了最高层，他们站在15层楼顶，观望着杭州全景赞叹不已。

大楼竣工后，改善了办公条件，加速了运转效率，完善了服务设施，促进了业务发展，增加了各项业务收入。此外，宁波、嘉兴、舟山、金华、绍兴、瑞安等分支行营业楼也相继竣工使用。中行各项业务尽数开展，促进了当地的经济发展。为此，在省委、省政府召开的全省三级干部会上，浙江分行经常得到省委书记王芳、省长薛驹、副省长沈祖伦的表扬。

经总行同意，未用完的基建余款，又盖了199套宿舍，除对老职工的住房扩大调整外，凡在1987年6月前登记结婚的青年职工住房也全部解决。同时还建立了医务室、招待所、哺乳室、幼儿园、浴室、理发室、食堂等，对路远的职工，上下班用行车接送。福利的改善，减少了职工的后顾之忧，调动了积极性。至此，向总行承诺的三条已全部提前超额完成。

1985年秋，总行驻香港的港澳管理处主任蒋文桂同志来浙江疗养，我到机场去接他。回途中，我向他介绍"上有天堂，下有苏杭"的沿途美景，又向他介绍了文人墨客用四句话对浙江的历史风貌的概括：文物之邦（宋朝在此建都），丝绸之府，旅游之胜，鱼

拍于浙江省普陀山前寺门前

米之乡。但美中不足的是，就在这其乐融融的一路谈笑中，我们的小轿车太陈旧，在路上加了两次水才能继续跑。他很诧异地问我："这就是你行长坐的车？"我说："是的，这是我们正、副行长三人共用的一辆车。"于是他表示："等我回香港以后，想办法从淘汰车里送你们一辆（按香港规定，小轿车跑够3万公里就淘汰更新）。"我说："无功受禄，我不敢当。"交谈中，我得知很多港澳同仁都没有来过杭州，当即表示希望港澳同仁有机会都能来杭州休假，看看浙江的名胜古迹。于是我们两人就达成共识，建立一个度假村，方便港澳同仁来浙江休养，并商定，由省行在朝晖新村拿出三幢华侨宿舍楼（曾是省分行办公室）作为度假村的接待用房。在杭州度假期间，省分行只收伙食费，住宿费和游览费从香港淘汰给省分行的小轿车中折抵。这个想法，得到了省分行党组的同意。之后，蒋文桂回去先后组织了十几批港澳同仁来杭州度假。每批度假人员对省行的接待都非常满意，对浙江的美景都赞叹不已。与此同时，也解决了浙江分行的汽车配备与更新。1986年末，双方合作结束，度假村也完成了它的使命，我们党组决定，将这三幢度假村无偿地奉送给总行，作为总行在浙江举办训练班的基地。

二、工作中的失误

我们在工作中也有失误。1984年春，根据赵紫阳同志"现在国家外汇储备很多，中国人就是不聪明，有了外汇不会用"的讲话精神，以及当时报纸上介绍的一些"上不封顶，下不保底"的做法，甚至还有国务院红头文件也可以不执行等的说法，为了响应中央号召，支持地方发展经济，总行在吴江召开会议。在这次会议上，总行领导传达了中央号召要改革开放、松绑放权，加快速度搞活经济的精神。决定要开办甲、乙两类外汇贷款，发挥外汇专业银行优势。

这次会议精神符合省内各级党委、政府，经济部门和一些企业要求，想加快引进国外先进技术、设备、进口原材料，加速地方经济发展，都很重视中国银行的外汇、外贸专业银行的作用，纷纷要求设立中行机构。这种愿望和我们党组成员的想法是吻合的，想利用这股强劲东风，开拓中行业务，配合地方政府把经济搞得活一点，上得快一点，为他们力争提前翻番作点贡献。但由于我们对松绑放权精神研究不够深透，在下放贷款审批权限过程中，把控不严出现了失误。1984年末，省分行超批、超用特乙贷款1.32亿美元，主要用于支持省物资局进口钢材7.24万吨，解决了温州瓯江大桥、杭州中东河治理工程；舟山行支持二渔公司引进20多艘尾滑道渔轮，增加了出口创汇；用48万美元从日本购进了两艘大渡轮，便利了舟山本岛与全省各地的物资交流，1986年2月1日，"舟渡2号"首航载着21辆汽车驶离舟山定海蛋鸭山码头，45分钟后平安抵达宁波白峰。从此，大陆海岛一线牵，连千岛，向全国，通五洲。被誉为海上蓝色公路，是舟山连接大陆的时代脉搏，是大陆贯通舟山源源不绝的经济血脉，为舟山社会经济的发展作出了巨大贡献；绍兴"871"厂用外汇引进设备，做到当年安装，当年投产，当年受益，当年成为全国微电子产品第二大工厂，年产量占全国1/10等。

特乙贷款虽然支持了地方经济发展，但我们毕竟是超批、超用，给总行增加了麻烦。虽然我不主管信贷，但我是"一把手"，所以我承担了主要责任。经省行党组认真研究，提出解决措施，争取省政府的支持，向辖内各级政府、用款单位以省政府名义两次下发通知，要求他们支持中行清理回收。1985年末，共收回1.5086亿美元，其中对已批未用的项目撤销128个，金额2 869万美元；对20个技改项目，金额890万美元，在落实外汇还款来源后，用调剂外汇归还2 000万美元；自做特甲贷款1 029万美元，积极收回到期特乙贷款以人民币上交总行折美元归还7 946万美元。经过一年多的努力，终于还清了1984年末超批、超用的1.32亿美元特乙贷款。对这次工作失误，我深深体会到，在计划经济时代，鸟只能在笼子里飞。

实践证明，忽视宏观控制，盲目跟风，就容易出现工作失误。搞活经济既要重视宏观调节，又要有冷静头脑，摆正全局和局部的关系。松绑放权对调动分支行的积极性起着一定作用，但必须要有一套行之有效的管理办法来保证计划的贯彻执行。作为银行就要善于运用好信贷规模，发挥好信贷的杠杆作用。

三、领导公正的评价和鼓励是推动我们工作的主要动力

由于浙江省分行经常受到省领导的表扬，引起了个别同行的嫉妒，利用我们在特乙贷款超用的失误，捕风捉影编造罪状，向中纪委举报我们，还惊动了有关单位。1985年末至1986年上半年，从中央到省，有关单位先后派12批检查组进驻省分行，最多一批24人，

最少也有4～5人，对我们进行全面检查，时间长达半年之久。他们翻遍了所需的账本、发票和单据，找不到党组成员和处、科级干部拿一分钱的回扣、在贷款或信托业务中也没有贪污、受贿、以权谋私等行为。因为被查的时间太长、人数太多，有位信贷科长对检查组同志讲"中国银行是泰山压顶不弯腰，心中无愧不怕查"。

党组成员对每批检查组都是积极配合，认真对待，对他们从不请客送礼，让他们和大家一起在食堂吃大锅饭。有一次，我到省里开会，休息时间遇上省委书记王芳，他问我被查得怎样？我答："请书记放心，我的两手和口袋都是清白的，不怕查，经得起，挺得住，不会影响工作。"他说："好样的，是个马克思主义者的态度。"

1986年3月22日，沈祖伦省长来省行参加全省分支行行长会议并讲话，他指出："中国银行这几年的工作很有成绩，我想大家都有同感。大家可以回顾一下，中国银行从人民银行分出来才5年多的时间，随着浙江省对经济贸易往来的扩大和对外开放的需要，中行的机构和队伍也扩大了，经营业务的范围和数量都有了很大的发展，特别是1984年中国银行的工作有较大的发展，当然也付出了一些代价（指特乙贷款）。但是，不能因此而否定主流……你们在支持浙江省中小企业技术改造，增强创汇能力，扩大对外贸易，增加国家外汇收入，执行国民经济发展的方针，促进地方经济发展等方面，作出了特别的贡献。这一点，浙江省的各级政府对你们都是肯定的。"

1986年5月14日，省委书记王芳同志听了我的工作汇报后，指出："1984年中央号召改革开放搞活，把经济促上去。当时没有模式，要在摸索中前进。1985年提出加强宏观控制、微观搞活，拿1985年的要求检查1984年的工作，总结提高是需要的，揪住不放不是唯物主义态度……中国银行这几年做了不少工作，省委、省政府是有正确评价的。你们一定要振作精神，不要灰溜溜的，气可鼓、不可泄，要保护大家的积极性。"

总行卜明行长虽然已退居二线，但他仍然关心我们，两次来杭州向我了解情况，与省委、省政府领导同志交换意见。他语重心长地对我说："忽视宏观控制，盲目紧跟，容易出现工作失误，松绑放权对调动下面积极性有好处，但必须要有一套制约性的管理办法，否则容易出差错。省委、省政府对你们这几年工作有正确评价，气可鼓、不可泄，相信你会继续带头搞好浙江分行工作。"

领导的关心，客观公正的评价和鼓励，使我和全行员工受到很大鼓舞，是推动我们工作前进的主要动力。省分行能取得一些成绩，应归功于党的领导，归功于浙江省委、省政府和总行领导的重视、支持和关怀，是全行同志共同努力的结果。

2009年于金门

四、人生感悟

1986年冬，我已年满60岁，是惜别省分行的时候了，但省委、省政府领导再三挽留说"我们省厅局级干部可以干到65岁"，不让我回北京。我表示这要由总行决定。后由浙江省委、省政府向中行总行继续借调，得到总行同意，我被派往省政府驻深圳办事处任正厅级副主任、党组副书记。1992年我年满67岁，回到北京享受潇洒自如的离休生活。

如今我已经是87岁的老人。回想起29年前我在浙江分行工作的日日夜夜，感慨万分。今天，浙江分行业绩已跃居到全国前茅；5万多平方米的营业大楼拥有先进的现代化设施；当年我们从不同渠道招进来的年轻人，如今已在各级领导岗位上，担负着中国金融业的重任。我从心底里由衷地为浙江分行取得的每一点进步感到骄傲和自豪。

2008年于埃及

　　岁月如梭，虽然我人已离开浙江分行，但我的心始终牵挂着浙江分行事业的发展，每年我都受到浙江分行的邀请，回去走一走、看一看。每次回到浙江，无论是当年一起工作的老同志，还是我不曾见过的新同志见面都非常亲切。我喜欢到基层做些调查研究，听听一线同志的意见、想法和要求，了解业务发展情况，便于跟上时代的步伐，所有的活动都得到周密的安排，每到一地都会得到热情地接待，这使我感到非常欣慰。我想，人生最安慰的莫过于此时，浙江分行没有忘记我。人已走，茶不凉，人生能有几次搏？在漫长的人生征途中我没有虚度年华。

傲霜斗雪的腊梅花

——记中国农业银行原机关党委副书记吴文桂

吴文桂

中共党员，浙江省义乌县义亭镇白塔塘村人，1926年11月出生。1942年参加革命，1943年秋参加中国共产党，曾任新四军浙东纵队金萧支队第八大队政工队队员，民运队区队长、党支部书记，金义浦地区路南自卫中队指导员，人民解放军三十三军政治部民运队队长。全国解放后，任中国人民银行江苏省分行人事处干部科科长、人事处副处长，中国农业银行人事处副处长，中国人民银行党委办公室负责人，中国农业银行政治组宣处处长、农行机关党委副书记等职。"文化大革命"期间被下放中国人民银行淮滨"五七"干校劳动，接受改造。离休后，在济南军区法律顾问处、中国人民解放军总政治部法律顾问处任法律顾问、律师。

1949年在中国人民解放军渡江、湘沪战役中立三等功并评为功模代表，参加三十三军的功模代表大会。1952—1953年，在上海警备部队政治部直属政治处立三等功2次。1979年10月被中国人民银行总行政治部授予"三八"红旗手称号，1983年9月因参加抓骗子等事迹，被全国妇联授予全国"三八"红旗手称号。1985年被推选为北京振兴义乌经济建设促进会副会长兼秘书长，1998年被推为会长、名誉会长。1999年被推为北京新四军研究会副秘书长、浙东分会副会长。2004年被推为北京历史学会吴晗研究分会会长。

它没有牡丹的富贵，没有月季的绚丽，没有菊花的婀娜，它朴素、纯洁、淡雅；它不在明媚的春天争奇斗艳，却选择在严寒的冬天傲霜斗雪，静静地散发出沁人心脾的清香；它不去感叹"花落花飞飞满天，红消香断有谁怜"，而是去践行"零落成泥碾作尘，只有香如故"的诺言。中国农业银行原机关党委副书记吴文桂就是金融花丛中的一朵腊梅花。她经受了诸多的苦难、不幸和挫折，但她身处逆境不屈服，不畏困难所折服。她奋勇当先、自强不息，不屈不饶与社会上的丑恶现象作斗争。她从不张扬外露，为自己钟爱的革命和金融事业默默无闻地奉献着。她离岗不离党、退休不褪色，努力为实现伟大的中国梦发挥自己的光和热。

一、闪闪北斗指引路　革命战场屡建功

浙江省义乌市的义亭是一个风光秀丽的小镇，这里也是吴文桂的家乡。然而，当日寇的铁蹄踏过的时候，物资被掳掠，房屋被烧毁，百姓民不聊生，流离失所。吴文桂的父亲不务正业，惹上嫖娼赌博的恶习，脾气暴躁，赌输了不顺心经常性打老婆和孩子。吴文桂险些有几次被卖掉抵赌债。母亲日夜操劳，备受欺凌。弟弟受马蹄践踏，身患残疾，逃难途中，病情加重，伤口化脓，终因不堪折磨，痛苦死去。面对国破家亡的惨淡景象，她茫然无措，惆怅不已。她猛地想起那些常去学校宣传抗战道理的政工队的老师们，想起她们教的抗战歌曲。"……要收复失地，打倒日本帝国主义。""亡国的条件，我们绝不能接受，中国的领土，一寸也不能失手！"她情不自禁地哼起了《牺牲已到最后关头》，她眼前似乎闪现了一条被奴役人民寻求解脱的道路，然而又很模糊，如何不接受亡国的条件？怎样才能保证国土不失手？那些宣传革命道理的政工队员们肯定会知道！然而他们又在哪里？！

一次，母亲告诉她，她的同学吴海影已参加抗日游击队，并约她到吴店的下塘沿村吴翠兰家相会。吴翠兰1938年加入共产党，曾到新四军军部女生八队学习过，当时她家是党的联络站。这些是吴文桂后来知道的。到吴翠兰家的人很多，有的来了与翠兰谈得很久很久，有的讲几句就走。吴文桂听出她们谈论的都是如何对付日本鬼子的事，和政工队员说的完全是一个理。找翠兰的还有邻近的妇女，来诉说自己的痛苦。经过一次次的接触，文桂明白了，翠兰和政工队的老师都是共产党，开展敌后武装斗争的是他们，劫富济贫、开仓救民的是他们，为妇女争取地位和权利的是他们。只有共产党才能救中国，只有共产党才能为劳苦大众求解放谋利益。共产党是老百姓心目中的北斗星，是人们解放的指路灯塔。

自此，年仅15岁的吴文桂走上了革命道路，她参加了金（华）义（乌）浦（江）地区的抗日游击队——第八大队。八大队主要负责开展金义浦地区的群众工作。吴文桂性格大方直爽，她身上丝毫没有女孩子们常有的娇羞心态，却多了几分男子汉常有的敢闯敢拼的气质。刚到八大队政工队，她虽还是一个小姑娘，却从来没有显露出一丝畏难怕苦的情绪。她参加民运工作，表现得大胆泼辣，每到一个生疏地方，都能很快与当地群众打成一片，成为群众的知心朋友。领导常交给吴文桂一些通常不适于女同志担负的比较艰苦的任务，而她总是愉快地接受，圆满地完成。

1943年清明前夕，国共合作期间，国民党破坏团结，单方面派王昌宝到我义西游击区当区长。王昌宝是个汉奸、投降派，到达上溪后不与镇上的农会、妇女会接触，而是找旧的乡、保长联系和开会，这显然是顽固派企图利用他在上溪的社会关系稳住脚跟，然后侵占八大队的地盘。吴文桂知道后非常气愤，她联合妇女会长、农会会长把妇女儿童集合起来，拉横幅，贴标语，到集市、街上游行示威、高喊口号。迫于压力，王昌宝还没坐稳，就被灰溜溜地赶走了。因为她的出色表现，组织上批准17岁的她正式加入了中国共产党。1943年秋末，她跟随八大队民运组深入敌占区、边沿区，继续开展群众工作，抓住秋收季节刚过的有利时机积极宣传减租减息。把当地的农会干部、学校教员都动员起来帮助土地出租户和佃户具体算账，开展减租减息，有力打击了敌伪的嚣张气焰。

1944年初夏，浙东麦子进入收获季节，盘踞在浙赣沿线据点里的敌人频频出来掠夺乡亲们到口的粮食。鬼子抢粮后经吴店回义亭，八大队得到情报，队伍在吴店塘西桥高坡上埋伏，狙击敌人。敌我双方均有伤亡，吴文桂和其他队员抬着几副担架，冒着枪林弹雨到达前沿阵地，把伤员抬到大队部医治。听说有战士牺牲了，她就和翠兰他们一起借着微弱的星光，悄悄地摸向战场前沿搜寻已牺牲了三天的烈士遗体，并进行安葬掩埋。

抗战胜利后，国民党派几个师的兵力包围八大队，为了赢得战略转移的彻底胜利，文桂跟随大部队告别义乌奉命北撤。行军途中，她的脚起了泡，破了，血水往外浸，烂肉周围沾了很多土，脚板一碰地，火辣辣地干裂似的疼痛。行军途中，例假照常来，来了就用本地区既粗又硬上面还有整粒谷壳的草纸垫。因为纸纱粗糙，拉得大腿生痛，走一步拉一下，走得越快拉得越痛，她始终咬牙坚持着。担任收容队队长的她看见有掉队的，还接过他们肩上的枪和干粮袋，一个劲地给她们打气做思想工作。

1949年2月底，文桂被调到三十三军政治部民运队抓思想政治工作。部队进入渡江前最后的准备阶段。渡江先遣队指挥部所在地在安徽省无为县马口区以南的一个村子里。马口一带是新区，解放没几天，江面上敌舰来回游弋，天上敌机不停地骚扰，江对岸敌人加固江防工事的嘈杂声清晰可闻，因此群众对解放军能否渡过长江顾虑重重。他们见民运队去动员船工，就像见了瘟疫一样躲得远远的，动员船工困难重重。要想打过长江解放全中国，就要有船，有了船还得有人划船，动员船工是完成渡江任务中非常重要的一环。吴文桂带头深入群众，一面动员，一面了解船工家庭的疾苦，帮助解决实际生活困难，消除船工的后顾之忧。船工们看新四军为老百姓办实事，不但给家属带来救济粮和钱款，自己在政治上还能享受解放军战士待遇，送大军过江的热情空前高涨。在淞沪会战前线，由于我军缺乏攻坚的充分准备，求胜心切，试图一举破敌阵地，但未能奏效，伤亡较大。为了能攻能守，我军也要构筑工事，短时间筹集大量的修筑工事的器材显得非常紧迫。吴文桂自告奋勇筹借5船器材。途中，她不小心从高坡上滑到了一个一米多深的低凹里，忍着剧痛一瘸一拐把器材运送到码头，然后冒着国民党飞机轰炸和机枪扫射的危险，护送船工按时把门板等器材送到师前沿阵地。淞沪战役期间，民运队在她的带领下多次将筹措的器材和粮食由船工们送到前沿。由于吴文桂在渡江、淞沪战役中表现非常突出，她荣立三等功，同时被评为功模代表，参加三十三军功模代表大会。上海解放后，吴文桂先后在上海警备部队政治部担任民联部干事，民运队队长等职，由于她工作踏实肯干，完成任务出色，期间两次荣立三等功。

渡江战役前吴文桂（左四）
在动员船工

二、转战银行抓人事　公道正派聚人心

1955年1月，国防部发布《关于处理和留用妇女工作人员的决定》，在军、师及其以下的机关、部队，除师属卫生营外，无论担任何种职务的妇女工作人员，应一律调离部队，分别按转业或复员处理。党的利益高于一切，10万女军人默默接受了转业命令，她们服从于军队的需要，服从于党的利益。吴文桂就是其中一位，虽然有太多不舍，但是她坚决听党的话，个人利益完全服从组织需要。一开始组织找吴文桂谈话，因为外事活动的需要，要保留1~2名女军人，她可以不转业，因此她错过了统一安置转业的时间。待到她转业时，江苏省省委、南京市市委机关岗位所剩不多，可以转业到南京市统计局或者江苏省财政办公室。当时每名干部都有两份档案，用人单位考察后，发现吴文桂参加革命工作时间早，经验丰富，部队立过三次功，家庭负担小，没有牵挂和负担，都想着吸收进自己的单位。选择哪个单位呢？选择省财政办公室！吴文桂在1946年曾被选派到山东大学经济系农科班参加学习，当时的系主任是薛暮桥先生。薛暮桥讲的《中国农村经济常识》、《政治经济学》和《论新民主主义经济》等课给吴文桂留下了非常深刻的印象。政治根源于经济，由经济决定，经济斗争是对敌斗争的重要方面，从事经济工作同样是干革命，想到这些，她的信念更坚定了。虽然她学过经济学，但都过去这么多年了，很多学过的知识也都差不多忘得一干二净了。"正确的路线确定以后，干部就是决定的因素。"吴文桂毛遂自荐要求到干部部门工作。最后组织把她安排到中国人民银行江苏省分行人事处干部科当科长。自此，她把近三十年的光阴全部奉献在了她深爱的银行工作中。

吴文桂任职干部科科长后，她开始系统学习干部选拔、任用、

调配和晋升的一系列政策，她认为唯有把人事干部政策咬准吃透才能做到依法选人用人，进而人尽其用。由于当时人民银行刚成立不久，很多人事方面的政策还不是很健全，具体操作起来，人为因素占有很大比例。吴文桂深知，干部使用不当，很容易出现经济犯罪，如果专业技术不精，金融政策把握不准，必将会对国家财产造成巨大损失。她将所有干部的履历和德才表现进行认真梳理，每一名干部参加工作时间、文化水平、立功受奖和受训等情况她都能做到一口清。她原则性强，坚持一碗水端平，对干部的选拔任用没有亲疏之别和远近之分。她性格外向开朗，乐于与人交往，又是个"热心肠"，谁遇到烦心事了、谁和谁闹点小意见了，找她诉说、评理，很快就解决了。干人事科长不到两年时间，吴文桂就因为工作态度积极、成绩出众被提拔为人事处副处长。她主要分管干部工作。她充分利用女性特有的优势，经常与干部家属谈心聊天，了解他们的实际生活状况。对家庭确有困难的，她会帮助申请救济款和困难补助，逢年过节送去慰问品和慰问金。由于自己的爱人在部队工作，生活还算宽裕，她经常力所能及地帮助生活困难的家庭。她总说，她小时候受过穷挨过饿，现在条件好了，不能忘了那些吃不饱穿不暖的同志，发的工资够花就行了，能替党和国家帮助一个是一个。她把工作做到干部心坎上了，大家都把她当成自己的知心人。见着她了，大家总会难以掩饰内心的感激之情亲切地称呼她"吴大姐"。

为了加强对国家支农资金的统一管理和农村各项资金的统筹安排，防止发生浪费和挪用资金的现象，1963年11月，全国人民代表大会常务委员会通过决议，批准建立中国农业银行，作为国务院的直属机构。农行成立后，所做的一项重要工作就是开展对信用社的整顿，加强对信用社干部和资金的统一管理。经人民银行江苏省分行推荐，农行综合考察研究，吴文桂被选派到中国农业银行续任人事处副处长。要想管好用好国家支援农村的资金，对银行和信用社干部监督管理显得尤为重要。吴文桂和干部部门的其他同志一起充分研究论证，深入一线调研，最后报总行批准，对银行干部出台了三条规定：银行干部今后一律不得以个人名义向信用社借支或借款；应由银行开支的费用，今后一律不得由信用社报销；凡属不合政策和制度规定的贷款，今后一律不得推给信用社发放。两年后，农行再次与人民银行合并，吴文桂担任人民银行党委办公室主任。1969年7月，吴文桂被下放到人民银行河南淮滨"五七"干校劳动，接受改造。"文革"中期，人民银行总行与财政部合署办公，1974年财政部撤销人民银行"五七"干校，大部分回机关工作，剩下的100多个"有问题"的人迁到河北固安财政部干校。5月干校党委书记宣布财政部党委的决定，决定成立干校复查组，吴文桂任审查组副组长。财政部和银行的干部互相审查。吴文桂始终坚持：对人的处理必须慎重，要经得起历史的考验。在吕培俭组长的带领下，对于不需要外调根据现有材料就可以做出结论的人，吴文桂都会尽快地做出结论，以此解脱一大批人。后来，吴文桂多次被抽调参加肃反、审干等"中心工作"，她坚持同样的原则，干部的问题一定要慎之又慎，绝不能因为草率大意毁了干部的一生。

三、农行重建不惜力　独有英雄驱虎豹

1978年12月，中共十一届三中全会通过的《中共中央关于加快农业发展若干问题的决定（草案）》中明确提出，"恢复中国农业银行，大力发展农村信贷事业"。1979年2月，国务院发出《关于恢复中国农业银行的通知》，决定正式恢复中国农业银行。农行已经经历过"三起三落"，第四次重新成立，任务繁重，头绪较多。

时任中国人民银行行长方皋同志对吴文桂讲："文桂，你愿意跟我回农行机关吗？"吴文桂很诧异，以为方行长在拿她开玩笑，"别逗我了！""不骗你，我去当行长，国务院都已经批准了！"这样，吴文桂跟随方行长带着140余人的档案和组织关系离开人民银行，开始了农业银行的恢复重建工作。

农行恢复后，最迫在眉睫的是解决业务人才缺乏的问题。作为金融行业管人事的老同志，她深知，人才对重建壮大农行的重要性。"文革"期间，国家的金融发展停滞不前，大批优秀的金融人才失去了用武之地，有的到了学校，有的进了工厂，散落到各个行业。当时，有位分管人事的副行长来自华北局，他想把原先华北局的优秀干部大面积安排进农业银行。吴文桂与其意见产生分歧。她认为，华北局的干部不是不能用，但是银行的工作专业性和政策性非常强，如果不懂政策和业务，国家恢复农行的初衷必然会大打折扣。她多次向该副行长反映，但是没有得到认可。吴文桂敢于坚持自己的观点，不怕得罪人，跟方行长通气后，她把问题提交机关党委进行讨论，集体研究确定。最后她通过多方位了解和多渠道查找，原先人行、农行的一批"老银行"得以重新回到农行。这些老同志在农行的发展壮大中发挥了巨大的作用。恢复成立初期，总行仍在西交民巷27号的大清银行旧址办

1981年吴文桂（左一）在北京西交民巷27号中国农业银行总行机关门口与方皋行长（中）合影留念

公。大清银行是20世纪初清政府构建的土木结构的房子。由于年代久远，木头腐了，石头蚀了，容易发生火灾和坍塌事故，加上离天安门和人民大会堂较近，政治敏感性强，保证安全显得非常重要。吴文桂作为安全管理负责人，她每天一大早都要对各个角落进行仔细检查，发现烟头掉地上了，她会召集大家开个现场会进行讲评，晚上下班后她都是最后一个回去，确保安全了才安心回家。为了从根子上解决安全问题，她和机关的同志一道考察新的办公地点，联系相关部门，农行先后在解放军总参谋部第三招待所、玉渊潭乡和66400部队的楼内办公。作为机关党委副书记，她作风民主，工作细致，能紧密结合单位实际，扎实开展党务工作，不断加强机关党的思想、组织、作风和制度建设。她没有架子，平易近人，坚持以人为本，经常同部门负责人交流思想、商量工作，注意调动和发挥大家的积极性、创造性，讲究工作方式，把握工作节奏，营造构建出了和谐机关工作良好氛围。

吴文桂还是一个政治警惕非常高的人。"文革"期间，她的爱人李毅忱被打成反革命修正主义分子。她也遭到了"与反革命分子划不清界限"的批判。祸不单行，在李毅忱同志去世一年后，她因子宫肌瘤做切除手术不到一个月，却被下放"五七"干校劳动，被迫与年幼的女儿分离。在她家破人亡，最困难、最需要帮助的时候，一个愿意帮忙的所谓北京市委副书记名叫陈梦猇的人出现在她的面前。因为吴文桂曾在新四军浙东纵队金萧支队打过游击，跟他同是义乌老乡，陈梦猇为了伪造自己新四军老战士的身份，决定利用她掩护自己。1976年春节，陈梦猇竟然主动到吴文桂家拜年。他一见吴文桂就像久别重逢的老战友那样亲热，直呼其名。吴文桂对这位不速之客感到诧异，问："你是谁？"陈答："你官当大了，不认人了，我也是八大队政工队的，跟你在一起！"吴文桂进一步问他在政工队那个区队，陈梦猇回答说他在特务中队。这引起了吴文桂的怀疑，因为政工队只有一二三区队，特工队不是政工队的编制。吴文桂又问："你认识倪公燮吗？倪公燮，倪公燮。"特工队指导员的这个名字被连提三遍，陈梦猇接不上口，这更引起了吴文桂的怀疑。接着吴又问："你怎么认识我的？"陈竖起大拇指回答说："谁不知道你这个机关枪，打起仗来，猛打猛冲！"吴文桂一听，不对！人们称她"机关枪"是因为她同一个批评八大队的人发生一场舌战而得，而不是什么打仗猛打猛冲。她又继续提了几个问题，发现破绽很多。经过这次接触，吴文桂对陈梦猇满腹疑团。假如陈梦猇真是一个政治骗子，他还自称与万里、何长工等高级干部"混得如同一人"，又在北京市委分管工业，那么他对党和国家的危害得有多大啊！想到自己作为一名党员，知道有这么大的祸害而置若罔闻，这是党性原则不允许的。她决定不能再犹豫下去，应该立即行动！

后来，她费尽周折，打听到陈梦猇的地址，从派出所了解到陈的工作单位，从陈的工作单位又得知他是一个工人，曾被劳动教养过。与此同时，她四处向老战友求证：陈梦猇到底是不是八大队的人？回答全是"八大队根本没有这个人"。至此，吴文桂确信无疑：他是一个地地道道的骗子。从此，吴文桂一连4年不避风险，历尽艰难，为揭露这个骗子四处奔波。她一一告知老战友：陈梦猇是个骗子，你们要提防！她三次跑到弹花毛织厂揭发陈梦猇可能是个骗子。她写信告诉义乌县委领导同志：陈梦猇是个骗子，不要上当！吴文桂哪里知道：陈梦猇给义乌弄回了汽车、拖拉机和电讯器材，在县里正"红"着呢。1977年5月，她把揭发信通过保卫部门转给了公安机关。得知陈梦猇到外贸部上班了，吴文桂马上给外贸部干部处处长打电话，请他向有关部门反映陈梦猇的情况。1981

年，吴文桂参加公安部二局召开的中央机关单位分管保卫工作的书记会议，她又直接做了揭发。在她紧逼不舍的揭发检举之下，在北京市公安局公安战士的严密追查之下，这个行骗4年之久，成功骗过50多个部门、200多名高级干部的政治扒手，被彻底撕下了"新四军老战士"、"北京大干部"、"高级工程师"的画皮，露出了丑恶本相，接受法律的严惩。1982年1月18日《工人日报》头版以通栏标题刊出《独有英雄驱虎豹》一文，一一列出了与骗子作斗争的人，其中吴文桂被放在了首位。同年1月22日，《骗局与教训》在《人民日报》上刊登，文中赞扬吴文桂"警觉性很高"。因为抓骗子的事迹，1983年9月全国妇联授予吴文桂 "三八"红旗手称号。

四、捐资助学兴教育　老有所为第二春

离休后，她坚持老有所学、老有所为、老有所乐，为社会发挥余热。

吴文桂的老伴叫欧阳平，是参加过长征的老红军、开国少将。因为老伴是江西省兴国县隆坪乡人，所以吴文桂总把兴国县挂在嘴边，称为"第二故乡"。和老伴一样，吴文桂一直惦记着生活艰苦的兴国县百姓，曾多次捐钱捐物支持家乡的水利、道路等基础设施建设。1998年重回兴国，她发现有的家庭因为没钱，孩子读不起书、上不起学；有的勉强入学，但为生活所累，成绩差强人意。"再穷不能穷教育，再苦不能苦孩子！"与老伴商量后，吴文桂作了个惊人决定——把省吃俭用攒下的"家底儿"都捐给家乡办教育。1999年4月，吴文桂不顾73岁高龄带来的诸多不便，来到兴国县，代表自己和老伴，将省吃俭用攒下的10万元捐给兴国县平川中学，成立长征教育奖励基金。2013年8月，吴文

欧阳平、吴文桂夫妇捐赠奖学金仪式

桂坐着轮椅，在工作人员的陪同下来到农业银行总行，在组织的帮助下，把自己积攒的20万元汇给长征奖学基金，继续用于奖励和资助品学兼优的贫困学子。长征奖学基金成立十五年来，累计有133名平川学子获得奖励。长征奖学金对平川中学乃至兴国县的教育产生了巨大影响。奖学金设立之初，平川中学每年考取二本以上的学生仅百余人，十五年后，这一数字已接近千人。除了在平川中学建立长征奖学基金，吴文桂还出资设立隆坪乡教育奖学金，先后捐款2万元，用于资助隆坪中小学贫困学生，奖励品学兼优的学生。受吴文桂夫妇关心教育、热爱家乡的高尚行为和崇高品格的影响，不少平川中学的校友、乡贤和单位慷慨解囊，捐资助学，形成了关心教育、回报故土的良好风尚。十余年来，各方捐资助学近千万元，设立奖学基金或助学基金十余项，激励许多学子奋勇争先，圆了不少贫困学子的读书梦。

　　吴文桂离开工作岗位当年恰逢农业银行总行机关党委、团委号召青年利用业余时间学知识，一些青年就报名中华全国律师函授中心学习法律。吴文桂当时虽已六十岁，她总觉着人活着总要为社会做点事，于是她一起报了名。通过两年多的刻苦学习，考试终于来临了。当时有两个方案：年龄偏大的同志可以开卷考试，发给结业证书；另一种是闭卷考试，及格发毕业文凭。吴文桂毫不犹豫地选择了闭卷考试，结果，她以比较优异的成绩毕业！离休后，吴文桂先后在济南军区政治部法律顾问处、总政治部法律顾问处任法律顾问、律师。由于吴文桂熟悉国家的经济金融政策，了解金融改革与发展的走势，对信贷、财务、结算等具体的金融业务运作有一定程度的熟知，她担任金融律师，主要处理金融类案件。当律师的十余年间，她累计处理案件一百三十起。1990年11月她帮助解放军某旅洗刷了赖账罪名，讨回清白；1993年她揭穿山东省某进出口公司赖账花招，抓住债务人，帮助兴国县外贸公司追回495万元银行贷款；1997年她千方百计找寻证据挽回官司败局，成功帮助义乌龙凤丝地毯厂催讨215万元货款。《解放军报》和济南军区《前卫报》分别刊登了《记我军最早女律师》和《老将出马》的通讯，《中国农村金融》刊登了《情系金融的护法使者》的文章对她进行宣扬。为了勉励世人不忘国耻、铭记历史，同时留点精神财富给后人，也为党史军史研究者提供一些战争亲历者的真实回忆材料，72岁的吴文桂挤出点滴空闲时间，花费大量的精力，撰写了《从抗日战场走来—女兵》的革命回忆录。为了确保书的成功出版，她多方征求昔日战友、领导和专家教授的意见，逐字逐句反复修改，尽量做到事事有据可尊可查。中央军委原副主席、国防部原部长迟浩田上将特为此书题词："不爱红装爱武装，战地黄花分外香。"

中国金融之花

不爱红装爱武装
战地黄花分外香

为《从抗日战场走来一女兵》问世
专敬吴文桂同志

迟浩田
二〇一年十二月十五日

中共中央政治局原委员、中央军委原副主席、国防部原部长迟浩田上将为《从抗日战场走来一女兵》题词

　　吴文桂离休后积极参加社会团体活动，不知疲倦地继续发挥着光和热。她参加侵华日军细菌战受害者协会，为王选等爱国人士为侵华日军细菌战受害者向日方索赔提供支持，经常与侵华日军细菌战义乌展览馆馆长联系，为细菌战受害者出谋划策，开展国际维权。1985年她被推选为北京振兴义乌经济建设促进会副会长兼秘

吴文桂作为吴晗研究会第一任会长在清华大学大礼堂研究会成立大会上致辞

书长，1998年被推为会长、名誉会长，积极为义乌经济发展建言献策，牵线搭桥；1999年被推选为北京新四军研究会副秘书长、浙东分会副会长，为宣传党和军队的优良作风和光荣传统做工作；2004年被推选为北京历史学会吴晗研究分会第一任会长。

兰花香正好

——记中国农业银行天津分行原副行长赵力平

赵力平

曾用名：赵黎萍，生于1926年4月28日，河北省定县大定村人。出生在一个贫农的家庭里。在家乡读过高小。

1941年6月14日加入中国共产党。

1942年上抗日中学。

1942年8月到延安中国人民抗日军政大学七分校学习。任过副班长、班长，在大生产运动中被评为模范班称号。

1945年8月调校部队列科干事，当年9月调120师司令部任机要参谋。

1946年4月调张家口卫戍司令部任机要参谋。

1947年调冀中十一分区司令部队列科任干事、参谋。

1948年参加河北省西柏坡中共中央土改工作团，邓颖超、黄华同志任团长。

1948年10月转业到中国人民银行总行人事科任干事。

1949年1月进驻天津市接管伪中央银行，后成立了中国人民银行天津分行，任组织科副科长，党委办公室秘书。

1955年调任天津市委财贸部组织处巡视员。

1958年调天津市中心妇产科医院任副院长、副书记。

1975年1月调中国人民银行天津分行任组织处处长、落实政策办公室主任。

1979年调任中国农业银行天津分行党委常委、副行长，兼机关党总支书记。

1988年12月30日离休。

1996年组织关系转入中国农业银行总行。

赵力平，1926年出生于革命老区，河北定县大定村一个普通农民家庭，应该说是一个革命家庭，全家5个人投身革命，3个烈士。父亲、叔叔和两个哥哥于1937年先后参加了革命，父亲赵鸿儒、叔叔赵鸿胜在晋察冀22团，叔叔1943年在河北牺牲；大哥赵士珍在左权部队，1943年在延北牺牲；二哥赵士斌在聂荣臻部队，1946年在晋察冀牺牲。受家庭影响，她13岁参加儿童团，任宣传委员，为地下党送鸡毛信，1941年参加革命，14岁入党，作为全村唯一一个女性小八路，在地下党的护送下奔向革命圣地延安，参加过土地改革。

革命家庭小娃娃走向革命圣地延安

她的家乡是一个革命老区，家家做军鞋，支援抗日，村里有个学校是免费的，每个适龄孩子都要上学，要不是日本鬼子侵略中国，她们都能过上相对平静的生活，然而，鬼子进村带来的战乱，打乱了孩子们的生活，当时村有炮楼，敌人把她们村子给占了，白天村里有日本兵，都盘踞在炮楼里，隔三差五出来扫荡，她们村家家有地洞，鬼子一来，家家都钻地洞，她家的地洞就在灶台下、炕沿下。晚上游击队在村里活动。当时如果不出来抗日，就没有出路。那时力平已经加入了共产党，她负责为党组织传递鸡毛信，她还有个小职务就是宣传委员，那时她才13岁，别看是儿童团员，抗日作用还挺大。

随着革命的发展，我党要储备一大批干部。有一天，党组织说抗大2分校附属中学要招收学生，问她愿不愿意，她就同意了。因为那时她是抗属子弟，党组织要把这些革命后代保护起来。那天回家，她对母亲说要去当兵，母亲有点着急，因为家里父亲、两个儿子都参军了，就剩下母亲和爷爷，小弟、小妹没有劳动力，日子怎么过？她耐心地做了母亲的工作，母亲说："不抗日，不打鬼子，让敌人抓住也活不了。"母亲虽然泪水涟涟，但还是让她走了。她把自己的组织关系缝到了腋下棉衣袖缝里，一直带着它找到了队伍。想起那时，她还是很佩服自己的胆量。

从家里到灵寿县学校还有一段距离，力平是化装通过敌人封锁区的。学校地下党找了个老太太，挎着一篮子馒头，过敌人岗楼如果有人盘查就说："这是我的孙女。"问干什么去？就说："到前面去串亲戚。"老太太一站一站地送，从这个村送到那个村，一直把她送到了集合地点。

从1941年开始，为了保护国民党严控下的八路军3个师编制之外的优秀青年，为国家培养有文化、有素养、有信仰的栋梁之才，为了让这批青少年经过几年培养锻炼，成为中国的军政骨干力量，党中央决定着手办中学，抗日军政大学第一、第二、第七、太岳、太行的陆军中学和附属中学。

抗大二分校附属中学很快在冀中平原吸收了700名中学生，女生400多名，她是其中的一名，聂荣臻司令命令，由抗一团和冀中军区十七团护送，通过平汉铁路封锁线，到达灵寿县陈庄一带集结。最后在晋察冀作战部队的掩护下，冒着生命危险通过了平汉铁路。

平汉铁路如果以正常步行，一步就能跨过去。但是，在残酷的战争年代，700多人的学生队伍在部队的掩护下，需要付出很大的生命代价，由于日军戒备森严，他们只有借助火车放烟雾才能通过，她记得过铁路的时候特别危险，封锁沟有3米多深，就是有1

个绳子拴着下去，那边部队一再接应，用绳子拽上去，人爬绳子上去，这是非常危险的，那一次，她们过了五六个女生，当时就牺牲了一个，附属中学的学生前后五次才全部通过了平汉铁路。她的几个同学因为害怕没有过去，就回家了，再也找不着队伍了。1948年她从张家口回家，几个同学见面时，他们都后悔："我们要是过去就好了，没有到延安感觉特别遗憾。"

1941年5月1日，抗大二分校附属中学在河北陈庄举行了开学典礼，那里离西柏坡不远。"五一"大扫荡之后，冀中由烈士子弟组成的"抗属中学"和晋察冀部队"精兵简政"下来的"小八路"和文工团员也保送到了附属中学，全校扩大到11个队，1 500多人。校长李志民，袁佩爵任教导主任。

她记得当时附中的军事课主要是学习军事常识，方位判定，另外还有一些基本的知识教练，还有单兵射击，投弹、队列等。

1943年2月的一天，二分校附中各大队突然接到通知，到一个村子集合，各大队大概走了一二十里地，在这个地方集中了，周围是一些树林，二分校校长孙毅，人称孙胡子，亲自给全校师生作了动员："咱们青年娃娃，把你们送到最安全的地方去上学。"

那时候去求学，大家都觉得非常珍贵，敌人天天追着东跑西跑，敌人来了钻地洞，敌人走了就出来，组织上要把他们这一部分人送到最安全的地方去，到哪去没说，保密。后来知道到了延北。之后，他们奉命返回延安继续学习，兵分三路踏上征程，历尽了艰难险阻。

1943年2月的一天，二分校附中1 500名学生在校长江隆基、教育长熊伯涛的带领下，兵分东、南、北三路继续前行，他们去的是北路，北路最安全，就是路远。翻越山西省冰封雪飘的云中云、芦芽山，渡过奔腾咆哮的黄河，经陕北的绥德、清润分别奔赴延安。

她记得过摩天岭那一段确实坚苦，走这些路上下190里地，下去和上来还不平，下不去，一眼看不到底，一个一个女同学，互相挎着胳膊，也看不见，闭着眼睛就出溜下去了，她记得那时摔了99个跤。下了山哈哈乐，还唱起了抗日歌曲。

当天晚上她曾在日记里写到："太冷了，我们的头发都是冰块，这个眼眉也是冻了，这头发叮当响，有时脸上都有圈冰块，我们就像新娘子一样，这珍珠叮当叮当的觉得挺美，其实把脸都冻坏了，那时候年轻也不在乎，虽然那么艰苦但还是非常乐观。"

每人一个背包后面有四双鞋，但是鞋不合适，部队发的有些大，一穿就一窟窿，他们脚都比较小，走一天脚丫子就长了泡，走到一地方，撂下书包就去打水，因为她是班长得带头，不能让人家给自己打水。

当他们累得走不动的时候，学校的宣传队开始发挥作用了，"加油干！加油干！过了山有攸白面，过了山有山药蛋！"他们攻下了摩天岭，到达陕北米脂县的时候，当地人都把他们当成叫花子，说哪来的这群叫花子？他们的棉裤都磨烂了，袖口也露着棉花，裤腿也露着棉花，整个像个叫花子。

过了黄河之后，当时出发行军时，谁也不知道要去哪里。当时只是告诉她们："要去的地方最安全。"学生们求学的心特别迫切，究竟到哪里是最安全的地方，也没说。这时快到延安了，学校才说："告诉你们一个好消息，到了延北，马上就到延安了，到毛主席党中央所在的地方去了。"大家都高兴地跳起来了。到延安时她们还穿着棉衣，大约是在4月，那时陕北还比较凉，部队发了单衣，套在棉衣外，显得整齐多了，他们要见毛主席了，有多么高兴啊！

1943年4月30日，抗大二分校附中师生顺利到达延安，到延安后，她被编入到抗大七分校女生队。党中央在八路军大礼堂召开了欢迎大会。毛主席和中央领导都坐在主席台上，后面的学生看不清，有的站了起来。她记得贺龙在会上讲道："冀中来的小娃娃们，首先欢迎你们，一路辛苦了，我们首先给你们说一条，你们现在来学习，首先得放下笔杆，拿起锄头开荒种地。"

大家一听，开始有点闹情绪，都有些意见，这么艰苦到延安来，让去开荒种地，就是想不通。

部队开始做思想工作，学习了一个礼拜。延安的条件非常艰苦，地方小，人太多，没吃的，没住的，一个旧窑洞住上十几个人，得自力更生开荒种地，一个礼拜后大家的思想基本上统一了。

这时，她被新编入的抗大七分校二大队（包括男生队和女生队），男生队开赴豹子川，女生队驻扎在柳沟校部。男同志开荒种地，女同志纺线织布，就这样开始了学习、生产和劳动。

刚到延安，大片的荒地，条件非常艰苦，他们开荒生产，住窑洞要自己打，要上山砍柴，背劈柴，烧炭，各班背各班的炭，只有小油灯，她学会了纺线织布，那时谁都不愿落后，清晨很早就起床纺线织布。

她在延安呆了4年，当时由于卫生条件有限，没有水洗澡，很多人长了疥疮。盖了个小草篷，涂上油，用火烤一烤。

她在延安第一年大部分时间都是开荒种地，女同志主要是纺线织布，一天都要纺一斤多，那时候也搞生产竞赛，她们班是模范班，6点起来纺线织布，那时候真有干劲，不怕脏也不怕累。那时候男同志都会纺线，冬天每个人发5斤羊毛，自己捻线织成毛衣。

丰衣足食后，第二年开始正常上课，什么课都有，数学、地理、自然、还有军事，比较全面。那时候他们学习画地图，谁画得不错，还要在学校展览。

1944年延安抗大赵力平（左三）与同学合影

延安美好姻缘带她步入帅门

经过三年艰苦、充实的学习和训练生活，抗大七分校的学生们陆陆续续毕业，走上了各自的工作岗位，她被分配到七分校校部工作。她没有想到，一段美好的姻缘在这里等着她。她毕业后与朱德唯一的儿子朱琦成为同事。

朱琦是朱德第一位夫人肖菊芳所生，从小由继母陈妈妈带到十六七岁，1937年在泸州被国民党部队抓了壮丁。朱琦被抓壮丁后没有暴露身份。后来在周恩来的努力下，组织上找到了朱琦，把他送到西安八路军办事处。他于1938年到达延安，在中央党校学习。

毕业后，朱德把儿子送到前线，让他去打日本鬼子。朱琦打仗时腿部负伤，成了甲等三级残废，后来不能打仗了，被分配到抗大七分校校部，当队列科科长。

她的婆婆康克清托抗大七分校校长彭少辉，为朱德唯一的儿子朱琦帮忙找个对象，那时候找对象得经过组织审查、批准，还得查三代。

1944年的一天，抗大七分校女生队教导员顾玉玲通知力平到队部，她们校部有一队和二队，她在二队，当时她不知道朱琦是谁，当时，队里头有几个人坐着，有个男同志，也没介绍他是谁，于是朱琦就看看她，她一点不知，也没看他，也没有什么感觉，坐了一会，朱琦就走了。

第二天，顾玉玲指导员问力平："小赵，你看那人怎么样？"她说："那人我没看他呢。"指导员告诉她，说那人是朱德的儿子朱琦，想给你介绍对象，她说："我现在才多大呀，刚18岁，太小了，不行。"

她的家乡有个风俗，找对象得通过父母，父母不同意不能结婚。当时她没有同意。

后来她对一个要好的同学说："你说，指导员给我介绍对象，是总司令的儿子，我跟不跟？"她的同学说："那么大的官肯定不行，大官不自由。"

几个月后，组织上把她调到校部队列科，归朱琦领导，这下一天到晚她就和朱琦在一起了。她得向他汇报工作，天天见面，但那时力平拿定主意不同意。有一次，朱琦对她说："咱们两个怎么样啊？组织跟你谈了吗？"她说："谈了，不怎么样，你们家官太大了，我们家是老百姓，不行。"

朱琦也没有再说什么，其实通过一段时间的接触，她对朱琦的印象还蛮不错，人比较热情，挺客气的。

1945年9月，七分校校部迁离延安，转移到晋绥根据地的内蒙古丰镇，她和朱琦都到了120师司令部，他当通讯科科长，力平当文书科参谋。

贺龙开始找力平谈话，贺龙是晋绥军区司令员，这是组织交给他的任务。贺龙和朱德私交甚好。饭后，甘泗淇的夫人李真说："小赵，出去遛遛吧。"

出去后，李真问："怎么样？小赵，想好了没有？"

过了一段时间，贺龙跟她谈话："咱们快进张家口了，小赵，你们两个的事定下来，不结也得结，结也得结。同意不同意？什么时间结？我是司令员，我说了算，我签字，说结婚你们就算结婚了。"

他笑着敲着桌子说："怎么还不同意，还等什么？今天不同意也得同意，朱琦哪不比你好？马上结婚！"

说完贺龙就写了一张条子："批准朱琦与赵力平同志结婚。"他边写边说："这是你同意的，别说我逼你的，我没逼你。"

说着哈哈大笑起来，条子写好后，交给政治部，算是力平和朱琦的结婚证书。

1946年3月23日，力平和朱琦在内蒙古丰镇三张铺板一拼结婚了。晋绥军区司令部的人都来参加了，摆了几桌，差不多30多个人，贺龙主持婚礼，他叼着烟斗眯缝着眼睛说："我的任务完成了。"

进了张家口，她和朱琦补照了结婚照，朱琦给爸爸送了一张，她给舅舅就送了一张。解放后，力平曾经去找过婆婆、朱琦的生母肖菊芳家的人，发现没有人了，肖妈妈的亲兄弟、孙子辈都没有了。

大约一年后，1948年8月，她在西柏坡第一次见到了她的公公朱德总司令和她的婆婆康克清。那时首长住得很简单，都是小房子、小窗户，陈设简陋。见面时，总司令穿着一件褪了色的旧军装，待人和蔼，慈祥的脸上泛着笑容，一点架子都没有，她的拘束感消除了，心里踏实了，感觉公婆很亲切，一下子就有了一家人的感觉。

康克清笑着说："你们早点要个孩子吧，爹爹喜欢孩子。"而在这之前她们也有个秘密，那时是在辛集生过第一个孩子，由于营养缺乏，发育不良，严重缺钙，生下来三天就夭折了。这事一直没有告诉公婆，怕他们伤心难过，因为老人岁数大了，太想要孩子了。

1975年，赵力平（左一）在北京市万寿路甲15号家中给婆婆康克清读报

1948年力平随邓颖超、黄华到河北西柏坡参加土改，当时她和邓颖超住在一间房子里，后来土改结束了，她就到了石家庄人民银行。

不久，铁道部需要人，朱琦去石家庄铁路局工作。总司令要儿子从头学，从基层做起，不要想着当官，要从最普通工人做起。当时已经是团职干部的朱琦先当练习生，后来又当火车司炉，三年后当了副司机，后又由副司机转为司机，学会了开火车。

曾经有一次，总司令就坐着儿子亲自开的火车从北戴河开往北京，中途要在天津停留15分钟，当时铁路局领导告诉朱琦，说："首长要接见你。"一身煤灰的朱琦去见了首长，到那一看是自己的父亲，父亲见了他很满意，说："会开火车了！"非常满意。

接管大军进津，开始了金融战线的工作

1948年12月1日，中国人民银行总行在石家庄宣布成立，1948

年，力平调石家庄人民银行工作，当时是中国人民银行总行的前身。土改结束后，天津即将解放，银行成立了接管伪中央银行的机构。1949年1月15日早上6时随东北四野解放大军进津，接管伪中央银行，她们的任务是：军事接管中央银行金库，保卫国家财产。当时平津战役还没有结束，外面炮火还在继续。1949年1月21日，中央电贺天津解放，那时北平还在和平解放过程中。

当时，他们进驻的原伪中央银行国民党的一所大楼，就是现在天津解放北路119号（原天津英租界的主要街道维多利亚道，是天津租界时代留下来的重要建筑之一，目前是天津文物保护单位）大同道和营口道之间，当时人手一册《入城纪律手册》，半年内不能上街，不能出大门，吃、住、工作都在大楼内。

1949年底，解放军接管的中央银行后，赵力平（二排左四）与战士们合影

对他们来说，第一次进入大城市，银行内部既有地下工作者，也有潜伏的特务，形势非常复杂，她担任天津分行组织科科长。负

责秘密接待地下党员，建立党组织，清理人员档案，接管金库和物资，每天要连续工作十几个小时。当时银行内部物资非常丰富，还有许多民用物资，同志们没有一个动心的，没有一个人违反纪律乱动物资，都能严格要求自己，经受住了考验。现在回忆起来，她仍然感到非常欣慰。作为一支无产阶级政党队伍，从行长到普通办事人员，没有一个搞特权的，那时人们没有半点私心，思想很单纯，心里想的都是全身心投入工作，无私无畏，全心全意为人民服务，而且越是困难的时候大家越团结。

当时国民党央行的高层人员基本上都逃往台湾了，留下的一部分工作人员大部分是一般职员，也有少数阔气小姐，着装非常洋气，烫发、浓妆、穿着裘皮大衣。而我们共产党的队伍穿着朴素，纪律严明，精气神十足，并以实际行动感化这些人，接管人员在工作上帮助他们，在生活上关心他们。后来他们的穿着打扮与接管干部统一了，穿着列宁服，那些小姐也参加了工会，参加了妇女组织。小姐们主动要求称她们同志，不让再称她们小姐。

作为组织科长，她的主要任务是团结、教育、改造那些为官僚资本服务的旧职员，使他们尽快成为为新中国、为人民服务的银行干部。如何让这些旧银行的职员接受社会主义改造，接受中国共产党的领导呢？主要通过开展思想教育，组织那些经理、襄理、副理、课长和职员学习，改造他们思想。第一阶段是放下思想包袱，了解党的政策、思想、路线和宗旨，消除对党的错误认识。第二阶段是学习《社会发展历史》、《论人民民主专政》等毛主席著作及土改文件，中国革命与中国共产党的历史，使旧职员开始树立起为新中国、为人民服务的思想。第三阶段就是向组织如实汇报自己的过去，接受组织审查，使银行队伍确保纯洁。很多旧职员在多年后感慨地说：中国共产党英明、伟大，改变了他们的命运，改变了他们的人生，使他们真正树立起了正确的人生观和价值观。作为女性，力平个人感觉最大的收获是使那些有着小资产阶级思想，自高自大，讲求虚荣，贪图享乐，习惯懒散，不思进取的小姐太太们成了充满干劲，充满工作热情的新中国银行干部。应该说，在那个特定的历史时期，中国共产党成功地实现了对民族资本金融的接收和改造，对中国的经济作出了历史性的贡献。力平作为接管大军的一员，一直感到骄傲和自豪，那时参加接管的同志，健在的已经不多了。

人民银行成立后，随着解放战争的不断深入发展，支援战争，扶植生产，回笼货币，稳定物价，增设机构，扩建网点，就成了人民银行的首要任务。当时，百废待兴，一个重要任务就是为国家筹集资金，稳定市场，恢复经济。银行急需大批干部，干部的选拔、培养、考察、任用已成当务之急，她负责党团工会工作，负责基层班子的干部配备，对干部进行思想政治教育非常重要。

为了加速银行干部队伍建设，他们用延安精神培养了一大批政治坚定，忠诚可靠，业务能力强，德才兼备的新中国自己的银行干部，充实到各级领导岗位和基层机构。当时选拔干部的标准，主要是看他的政治态度，工作态度，要通过政审，必须坚决拥护中国共产党的领导，必须有一定的专业能力，能够团结人，不折不扣地执行党的方针政策，组织把关是很严格的。被选拔的干部每个月要上一次党课，组织上选人，坚持任人唯贤，没有个人私利，坚持标准，坚持原则。由于他们团结、教育、改造旧职员工作做得好，到后来那些留用的旧职员在解放后银行工作中发挥了重要作用。

为妇女健康事业贡献力量

力平曾经在1957年因工作需要调到天津妇产科医院工作任副院

长。当时重点开展保护母婴，关心妇女健康，开展健康普查，组织医务人员上山下乡。为非洲刚果、西藏、内蒙古、广西、老少边贫地区派驻专家医疗队，开展巡回医疗，到妇女病高发地区开展健康普查。

当时她曾代表天津医疗队到黑龙江5个师的建设兵团开展慰问和妇女健康普查，去了两个多月，发现80%的妇女月经不正常，有的人一年不来月经，严重危害了妇女健康，他们医疗队及时提出妇女经期要停止插秧，要改善基本的卫生健康环境，首先解决了厕所问题，一定要盖起正规的封闭式厕所，厕所不能撒气漏风。其次是开展防病治病，那些天津知青激动的跟他们叫"天津妈妈！"在他们的提议下，在当地建立起了妇女经期保护制度，改善了妇女健康状况。同时他们积极为当地和天津市政府提建议，要关心天津知青，特别是那些刚刚十五六岁的女孩子，建议市委积极支援当地经济。

当时医疗队的专家组通过参加下乡体验生活，受到了教育，接了地气，亲近了基层百姓。留学美国多年的妇产科专家柯英奎说："下乡4个月胜读10年书。"对基层缺医少药的状况有了深刻地了解，他们真切地体会到了老百姓的疾苦，增进了与人民大众的感情。救死扶伤，为基层群众服务的意识更加深刻，专家们感到自己的世界观实实在在地得到了改造。

由于天津妇产科医院的规模较大，为全国服务的任务较重，为了提高医生的技术水平，更好地服务广大妇女，医院组织了全国规模的妇产科主任进修班，并形成一种常态，为全国培养了大批妇产科专家，并在各自的医院发挥了重要作用。

在医院工作的17年，力平基本上所有的精力都用在了医院，晚上值班，白天工作，与医护人员感情深厚，医护人员的家庭琐事都愿意找她解决，大事小事她也乐于为他们解决。直到现在，她每年都要回到天津，与那些健在的医护人员团聚一次，老专家们大部分已经是80岁以上，大家都感觉她这个人没架子，见了面就像亲姐妹。大家很尊重她，关心她，她觉得一个领导干部一定要有群众基础，与大家打成一片，不要把自己弄得高高在上，否则很难开展工作。她为妇女健康事业尽了心，作了自己应该作的贡献，她感到很欣慰。

带着使命重新回到银行

拨乱反正后，由于银行是冤假错案高发区，被打倒的人很多，已经影响到正常工作。因她对银行工作熟悉，又善于联系群众，特别是熟悉干部情况，并且当时银行堆积的冤假错案急需落实政策，天津市委对此很重视，因此，于1975年把她调回人民银行工作。

刚回到银行时，她感到人与人之间关系很不正常，她喊行长的称谓，行长很害怕，说自己不是行长，是被打倒的对象，怕得要命。她这个人没有私心，该喊什么就喊什么。

回到银行后，她担任组织处长和落实政策办公室主任，她坚持实事求是，敢于旗帜鲜明，针对当时的大量案卷，对那些被冠以各种问题的干部进行了全面调查核实，作了大量深入细致的思想工作。特别是对那些被错误打倒的领导干部进行了全面地分析，历史地看待同志，正确对待群众，及时澄清冤假错案。对拥护党的路线方针政策的人及时谈心，使他们放下包袱，解放思想，该解放的及时解放，该平反的及时平反，还那些被蒙冤的同志一个历史清白。

有的同志压了七八年的心头大石头一下子搬开了，干部解放了，领导恢复了工作，心情舒畅，重新回到了领导岗位。同时，对个别制造冤假错案的人给予了教育和处理，银行的工作秩序恢复了正常，走上了经济发展的正确轨道，发挥了金融机构应有的作用。回想那段历史，至今想起来仍很畅快。由于她在行里落实政策工作做得好，得到了上级领导的好评。

1979年恢复农业银行，她任中国农业银行天津分行副行长，并负责组班子，考察干部。当时农行干部严重不足，分家时，仅从人民银行分出了少部分干部，而基层郊县急需扩展网点机构。1980年，在她的提议和积极争取下，农行天津分行成立了中专学校和电大工作站（即天津金融管理干部学院和干部培训中心的前身），4个月在武清盖起了平房，第一批40名高中毕业的大专学员入学，这标志着银行学历教育从无到有，干部学历教育和培训工作全面展开。几年后，经过严格的系统理论培训，一批合格的信贷员和会计岗位上的专业干部重新回到了工作岗位，并且日后成为各专业的业务骨干，有的陆续走上了领导岗位，这标志着银行干部队伍建设又向前发展了一步。

力平当时在农业银行分管组织干部、人事、教育、宣传工作，在干部提拔上，坚持原则，坚持标准，坚持任人唯贤，不搞任人唯亲，不搞个人小圈子，不能靠关系提拔，不能打招呼提拔，更没有请客送礼提拔干部的，严把干部品德和工作能力，并坚持集体讨论决定干部的提拔任用，不搞一言堂，不搞个人说了算。考察使用干部坚持一分为二，对有问题的干部坚持惩前毖后，治病救人，不搞一棍子打死，看其长处，发挥长处，坚持对干部负责的精神。当时行里领导干部的亲属，没有一个不正常提拔的。

为了确保农业银行可持续健康发展，在她的建议下，行里建立了后备干部制度，并对干部进行有计划地培养、跟踪、考察，到基层郊县轮岗挂职锻炼，使干部得到了锻炼，积累了基层工作经验。

在离休的前几年，已经开始了改革开放，人们的思想逐步活跃起来，金融业也进入快速发展阶段，但那时已经出现了拜金主义和贪污腐败问题。1982年力平被抽调到总行，担任巡视员，在总行纪检组组长雷天声的领导下，考察干部，核查大案要案。

她每到一个地方首先与干部群众打成一片，始终坚持对银行的事业负责，对干部队伍负责，坚持实事求是，确保干部考察工作真实有效。在查办大案要案时，坚持不冤枉一个好人，也不放过一个坏人。离休前，银行工作重心已经向防腐拒变靠拢，作为参加过革命和建设的老同志，她希望干部清廉，国泰民安，国家经济金融持续健康发展。

发挥余热积极参与社会公益活动

1988年底力平正式离休，被推荐为中国社会主义女企业家协会顾问。这是个民间机构，有包括1 000多位女性厂长、经理的民营企业家会员，当时民营企业还不被社会普遍认可，而且妇女参加社会工作阻力较大，他们受到来自家庭和丈夫的阻力，有的女同志工作有了成绩，丈夫不支持、不认可。

当时她们倡导妇女要自强、自立、自尊、自信，要走出家门，走出国门，脱离锅台，自我解放。她作为女性，积极倡导妇女创业，倡导作职业女性，倡导男女平等，不能依靠丈夫生活，要坚持女性经济独立。

她们在全国范围内积极推动妇女解放工作，提倡妇女在社会上发挥应有的作用，她觉得妇女解放是一个长期的工作。妇女通过创业，可以吸纳更多的妇女就业，同时也可以体现自身的价值，增加收入，为国家创造财富。

她和女企业家协会的成员，曾走过全国的很多地方，到过不发达的省份，也到过发达地区，到过深圳、海南、新疆、安徽、东三省、黑河、俄罗斯、泰国，所到一地就参观妇女创办的工厂、作坊、摊位，给她们鼓励和支持。并开展女企业家的创业经验交流活动，使女性开阔眼界，增强自信，推动了妇女的创业、就业工作。后来女企业家们在协会的鼓励和支持下，事业得到了很好的发展，取得了很好的成就。

赵力平近照

为了使男性更加支持妇女创业工作，帮助妇女成就事业，她们在人民大会堂举办了"表彰先进女企业家代表大会"，会上，同时表彰了支持女企业家工作的模范丈夫。促进了家庭和谐，促进妇女事业的发展。

现在70多年过去了，有些人和事仿佛就在眼前。目前，力平已是90岁的老人了，精神很好，她希望我们的国家越来越强大，在总书记习近平的领导下，实现中国梦！

盛开在祖国金融战线的太阳花
——记国家外汇管理局原总经济师温崇真

温崇真

1960年，毕业于辽宁大学经济系，同年参加工作。分配至辽宁省对外贸易局进出口处。

1963年，中国银行总行国外业务局，综合局、营业管理部工作。

1982年，国家外汇管理局非贸易处，管理检查处，中央外汇业务处工作，任职副处长、处长，高级经济师。

1990年，国家外汇管理局中央外汇业务中心工作，任职主任（副局级）。

1994年，国家外汇管理局党组在处级干部大会宣布总经师。1996年，经中国人民银行党组批准，任国家外汇管理局总经济师。

社会兼职

1989年加入中国国民党革命委员会，为民革党员，当选北京市民革第八次党代表大会代表；同时当选中国国民党中央第八届、第九届中央委员会委员；连任民革中央四化委员会、经济委员会委员；北京市民革西城区工委金融支部主委。

1993年，任全国政协第八届委员会委员，法制委员会委员。

1999年12月~2004年6月，被聘为中国人民银行参事（连任两届）。

1989年12月~2011年12月，被聘为最高人民检察院特邀检察员（连任五届）。

1998年，退休。

2013年，被聘为中国五台山文殊寺弘二禅修研究院副院长。

太阳花，俗名向日葵。无论是在广阔的原野上，还是田间地头，农家小院，都有它的身影，生命力很强。除在秋收时节奉献累累果实之外，它还有一个突出的特点：不管是风和日丽的晴天，还是雨打风吹的雨天，总是面向太阳。温崇真也是这样，是奋战并盛开在中国金融战线上的太阳花。尽管工作岗位不断变化，但她都心系祖国，兢兢业业，为祖国奉献自己的光和热，无愧于自己的箴言"人生必须为祖国的美好未来而奋斗"。

温崇真于1998年光荣退休。寒来暑往，数十年如一日，她热心助人，忠于职守，认识她的人无不称赞她是公正办实事的好大姐。

一、学生时代，火热的感召力

温崇真于1937年出生于辽宁省大连市，祖籍是山东省莱州市温家村。她出生之时，恰逢战火纷飞的1937年。"七七"卢沟桥事变后，日本在中国领土上横行霸道，烧杀抢掠，飞机在空中盘旋，大连市的大人、孩子跑到黑石礁海边躲难，那些个硝烟弥漫的日子虽然已经远去，但历史是不能忘记的，尤其是那些曾经经历的刻骨铭心的苦难。

当时，她家里是靠父亲的双手打工赚钱，饥肠辘辘的日子一天挨着一天。日本人吃的都是大米白面，而中国人是不能吃大米白面的，一旦被发现，就要按犯法处理。上学就更甭想了，那简直就是"瞎子点灯，白日做梦"。大她三岁的大姐温崇华就是一字不识的文盲，而小她一岁的弟弟温崇圣则赶上了好时光，是鲁迅美术学院毕业的中国画家、教授。

晴天霹雳一声响，1945年8月15日，日本帝国主义无条件投降了！伟大的中国人民在共产党英明领导下取得了抗战的胜利，东北解放了。老百姓高声歌唱"解放区的天，是明朗的天"，高呼"中国共产党万岁"，"毛泽东像太阳，他是人民的大救星"。时代变了，前进的脚步踏着欢快的节奏而来。孩子们有读书的机会了。8岁的温崇真进入大连市第三完全小学，13岁进入大连市第一女子中学。学生时代，幸福的、火热的力量感召她，认为读书才有出息，才有希望。当时家庭还是需要劳动力的，因为生活还不富裕，尚有重男轻女的思想，她放弃了读高中的机会，投考职业专科学校（中专）。当时的招生情况是：卫生学校分数偏低，毕业后当护士。可母亲坚决不同意她学医。由于成绩突出，她幸运地被大连贸易学校录取，1953年入学。大连贸易学校地处滨海城市，坐落在星海公园的山坡上，依山傍水，满是带有海味的新鲜空气。同时，秀丽的大海也让人流连忘返。从此，她爱上了自己读书的海滨城市——大连市，热爱她生活读书成长的这片沃土。她清醒地知道，学习就是力量！

温崇真刻苦学习文化知识，一头埋入知识的海洋，勤学、好学。经年累月，她养成了"读万卷书，行万里路"的好习惯。见书必备，至今她家的藏书完全可以开一间大的阅览室了。

辛勤的付出，有了好的回报。临近毕业，班主任边长泰老师找她谈，国家新出台政策，要在毕业生中选出10%的学生，要求必须是德才兼备、品学兼优，可保送上大学。这真是做梦都难以想象的好事情！她就是这些幸运的学生之一。

上大学！梦想变成了现实。可是，她的家里出现了分歧。父亲指望她减轻家庭负担，态度很坚决：毕业工作吧！操持家务的母亲说，还是让孩子上学吧！班主任边长泰老师知道二老的不同意见后，亲自登门做工作，细说上大学的重要性，国家要快速培养一批有文化的大学生建设祖国。边长泰老师再三说明，穷人家的孩子能上大学不容易，要珍惜这次机会，要感谢共产党的教育方针和好政策。就这样，她得到了继续求学的机会。她念念不忘感激自己的父亲母亲，还有可亲的边长泰老师。边长泰老师是中共党员，又是民革党员，在黄埔军校第23期毕业。时至今日，边长泰教授在东北财经大学从事教育工作，桃李满天下。

1956年8月，温崇真被保送到东北财经学院经济系贸易经济专业学习，四年的大学生活终生难忘，上大学又想读研的她21岁，下决心做个好学生，雄心勃勃的求学欲望胜过一切。回忆1956年，毛泽东发表"论十大关系"，提出发挥中央和地方两个积极性问题，实行"两条腿方针"。与此同时，中共辽宁省委做出院系调整的决定，东北财经学院与沈阳师范学院、沈阳俄文专科学校合并成立辽宁大学。1958年9月15日，辽宁大学成立，何松亭为校长，唐景阳、陈放、苏生为副院长。

学生时代的生涯教育她、锻炼她，虽身在学校，但时刻与祖国的命运同呼吸。回忆当时生活，吃的是"瓜菜带"，吃饭用的是粮票，穿衣是布票的供应制。同学们和她对此都能开朗地对待。在"深挖洞，广积粮"的口号下，要深挖地一米，将新土翻到地面，男生要出大力，女生就把自己的口粮送给他们，热心互助成为战胜困难的力量。同学们边劳动边学习，热火朝天参加"保粮保纲"大会战，全体同学和老师都有坚定的信念。大家都知道，困难时期的物质财富是有限的，但精神财富是无穷的。怀着高涨的建设社会主义热情，师生们全身心投入教育中、学习中。学习口号是争当"五好学生"，认真读书，学以致用。老师和学生用自己的辛勤汗水和智慧，将辽大校园建设得越来越美丽，也铸造了辽大师生艰苦奋斗、自强不息的精神。温崇真感悟到：这个校园要给后来的学生留下最丰富的精神，要成为培养德才兼备的学生的圣地。当他们走出校门后，自然会更好地为祖国建设贡献出自己的力量。这种勤工俭学的教育方针给参加工作岗位的学生以极大的助力，成为激励他们干好工作的力量源泉。温崇真称赞：大学生到农村去、到边疆去、到社会去锻炼就是好，勤工俭学的教育方针就是好。那个时期，就培养了一批德才兼备的学生到边疆去，到祖国需要的地方去。

辽宁大学的经济系分三个专业，有工业经济、贸易经济、农业经济。除学习专业外，还有辅助课外语、历史、财会学、统计学、政治经济学、体育课等。每天的大课后基本以自习为主，作业也不多。社会活动均是集体行动，同学们根本不出校门。那时生活单一，思想也单纯，就想好好读书，毕业后为人民服务，建设祖国。

1957年的反右斗争令人痛苦难忘，学生中也有5%的右派名额。打成右派的同学被送去劳动改造，成为被监视的对象。年轻的

民革中央九届会议（温崇真、边长泰）

大学生人人自危，"不要轻易说话，不要轻易发表言论"，"读书拿优秀成绩就行了，埋头看书吧！"当时的温崇真就对被划为右派的同学表示同情，劝告他们要有信心生活下去，事情总会水落石出的。她认识到这就是政治斗争，这场"左倾"的错误毁掉了一批人。大学时代让她提高了政治觉悟，做到不读死书，要抬头看路，为参加工作后提高思想觉悟打下了良好的基础。

2008年9月，温崇真和孙尚斌参加辽宁大学60年校庆，在校门口合影留念

二、决不辜负人民的重托

1989年冬，温崇真荣幸地被最高人民检察院聘为第一批18位来自民主党派的特约检察员之一。刘复之检察长批复：真事真办。她对此慷慨激昂地讲，自己是民革党员，在金融战线工作，这是共产党对她的信任！有39年金融外汇工作经历的她，对新的司法监督工作可以说是门外汉，但她会努力工作，加强学习，也充分利用自己的专业知识，做好这项工作，决不辜负人民的重托。

这项新的任命标志着她政治进步的开始。此后短短几年，从中央到地方，活跃着一支数千人的特约检察员队伍。他们不仅为我国的法制建设和政治建设作贡献，而且也为我国民主政治进步写下了新篇章。黄景钧、温崇真、蔡国斌、谢俊奇、高文庆、刘德洪、吴文彦等特约检察员体会很深，感慨良多。黄景钧是民盟中央副秘书长、宣传部长。他评判此举，"象征着我国社会主义政治又向前迈进一大步。"他每年收到人民来信数百封，都认真阅读并作处理。如有一位中国人民大学的毕业生到北戴河办学，因得罪某宾馆的服务员，被身为服务员未婚夫的当地公安局副局长"给点颜色看看"，无辜遭到关押，过了七个月的铁窗生活。经黄景钧过问后，才被无罪释放，有关责任人受到了处理。通过这件事看，特约检察员认识到，没有监督的法律，是不完备的法制；没有监督的社会，是不文明的社会。

在特约检察员中，大都是全国政协委员、全国人大代表、民主党派中央委员等身份，具备参政议政能力。从1989年到2011年底，温崇真连任五届高检院特约检察员，历经领导人有刘复之检察长、张思卿检察长、韩杼滨检察长、贾春旺检察长、曹建明检察长。每一次接到红彤彤的聘书，她心里都特别激动，作为一名妇女和民主党派成员，对承担这项任务由衷地感到无上光荣和责任重大。她从事经济工作多年，在参政议政的各项工作中，担任特约检察员感受最深，收效最大。法律监督是保证经济有效实施的前提。改革开放的社会主义市场经济就是货币经济，也是法治经济。在一次采访中，团结报社记者赵岩对这位精明干练的女性又有了更深层次的了解。温崇真讲，她自辽宁大学经济系毕业后，多年来一直奋战在金融系统，迄今39个年头。长期的金融系统工作，使她养成了凡事认真、不懈求索的钻研习惯。正是因为有这种良好的习惯，她认真学习高检院有关文件、规定，提高了司法监督的业务水平，始终将刘复之检察长批复的"真事真办"贯穿始终。她告诉采访的记者，"在政协会议上的提案，大部分是有关立法和司法方面的内容。"她和黄景钧、徐盟山等委员撰写的"关于对玩忽职守犯罪立法和加大打击玩忽职守犯罪力度建议"得到了司法部门重视。在第八届四次会议上建议成立国家反贪局的提案被国家采纳并落实。

温崇真和其他的特约检察员共同认识到，高检院没有将民主党派的特约检察员当外人，而是当成自己的干部，能看重要文件、能参加重大案件的讨论。特约检察员都能遵守高检院规定的权利和义务。在政治上自觉约束自己，做到不在其位，也谋其政，为司法公正出自己的一份力。

温崇真肩负重担，为民申冤，有人称她是人民的天使。2006年的"枪下留人"案就极富传奇色彩。2006年11月的一个星期天，温崇真收到民革党员徐展勤律师送来的一封"枪下留人"急件，反映河南省某中院一起故意伤害罪死刑执行案。该案被告人包某系主犯，另三名同案犯全部在逃。本案事实不清，存在多处疑点。温崇真在了解了案件事实后觉得，如果就此执行死刑，恐生冤案，遂大胆决定干预此案。她马上电话与高检院办公厅联络处黄岩同志联系。面对这起人命关天的紧急案件，她启动最高人民检察院特约检察员的权力，直接将申诉材料递交给了最高人民检察院办公厅，在24小时内，最高检和最高法的紧急批示到达了河南省，已经押赴刑场的死刑犯包某被紧急救下。本事件发生后的第二年，最高人民法院收回了死刑复核权，结束了中国几十年由省级地方来决定死刑的局面。这是中国政治推动民主法治的进步，从此，人命关天的冤假错案可以得到有效防止。最高人民检察院民主党派特约检察员温崇真的这起"枪下留人"案，也将载入中国法制史。

盛开在祖国金融战线的太阳花

103

温崇真同样没有忽视耽搁自己的本职工作，她深爱着自己本职工作。1994年国家外汇管理局在攻坚外汇改革的重头戏：汇率并轨和结售汇制的改革。温崇真和大家一道，齐心努力，积极贯彻执行外汇改革精神。她都是利用业余时间和晚上看人民来信，认真提出建议批转送到最高人民检察院办公厅联络处。履行特约检察员的职责。她之所以能做到本职工作和社会工作两不误，是因为深感法律监督对国家的经济建设来说非常重要。在一次曹建明检察长主持的法律监督会议上，温崇真发言：法律监督首先体现在保障民生、促进经济发展；其次，检察机关的法律监督在制定条文时要具体化，内部把好三关，侦查监督的批捕关、诉讼环节的重证据关、申诉案件审理关；最后，要发动群众，依靠群众，进一步促进改革，促进行政法律监督工作。在特约检察员的工作中，她时时不离口地讲，要感谢最高人民检察院检察长和各厅局领导的培养和关怀，使自己成为司法战线上的一员，同时也提高了自己的政治素养。当然，这也是她自己努力奋斗的结晶。

世界反贪大会（左：温崇真、赵登峰、孙振铺）

三、认真做好新时期的参事工作

2002年6月13日，经中国人民银行行长批准，聘任温崇真、武胜利、秦池江、林敬耀、黄建威等五位为新参事。聘任会上，中国人民银行党委书记、行长戴相龙为新参事颁发聘书并讲话，指出参事工作的重要意义，要为参事参政议政创造条件，充分肯定参事工作和"高参"助手作用，不断地将具备"统战性、资深性"的人选聘为参事，增长参与活力。按照"肝胆相照，荣辱与共"的八字方针，高度负责的精神做好人民银行参事工作。会议由刘廷焕副行长主持，国务院参事室陈鹤良、行长助理蒋超良，以及人总行有关司局负责人出席。

这已经是温崇真第二次被人民银行聘为参事。她是女性，不计较个人得失，办事痛快，坚持正义。平日里不声不响，勤奋刻苦地默默工作。初接触时会觉得她话语不多，但她时时刻刻心里装着责任。接触长了，感到她做人如水，以柔为刚。她时常对朋友讲：只有那些似争不争的人才能笑到最后，成为真正的赢家。人们都会发现她是一个有求必应的热心人。在参事工作岗位，她的选题也注重生活领域中的实际问题，选的都是西北、西南的老少边穷地区。去地方调研，她都是现场办公，哪儿有问题就地研究，收集情况，及时带回人民银行总行反映给领导。比如，去湖南时，经考察，她发现人民银行张家界支行办公楼是多年的危楼，需要解决；到新疆的布尔津，了解到人民银行办公楼下沉，下沉原因是楼房建在垃圾堆的地面上；到黑龙江密山县，在调研过程中发现并了解到该行金库建在楼上层；等等。归根结底，上述情况皆因经费不足，多次向总行反映没有得到解决，是多年没有解决的老大难问题。温参事通过认真调研，汇总一些实际情况的资料和报告，递交总行负责财务的吴晓灵副行长。吴晓灵副行长见了报告，二话没说，大笔一挥，落实解决这些地方经费，改善了办公环境，提高了工作效率，皆大欢喜。基层干部高兴地说，参事反映问题快，解决问题也快。中国人民银行总行的参事工作既要从大政方针着眼，也不能放过工作生活中的细节。

在担任参事期间，温崇真提交若干篇调研报告，如"商业银行外汇业务及管理情况"，"为边贸企业建立支付结算是金融部门当务之急"、"关于朝币和人民币的比值问题"、"开拓新疆边境贸易是开发大西北的半壁江山"、"关于东南沿海对台小额贸易支付结算情况的问题"、"跨国公司的发展需要政策支持"、"云南澜湄河区域边境贸易货币无障碍的调研报告"、"经常项目和资本项目账户应科学合理改革"等外汇管理方面的调研报告。

她对本职工作外汇管理，也有自己的真知灼见。她说，从一个个数字来讲，不仅外汇少的时候需要管理，外汇多了更需要管理；

在宁夏西海沽调研，与人民银行同志一起

在开放的经济中，放松管制是一种趋势，但自由经济是相对的、有条件的：开放不等于不管理，管理也不等于消极限制，要形成有中国特色的外汇管理理论和方法。

在外汇管理领域，她亲自著书立说，并参与编写多部教材，均是实务操作的经验总结，很受读者的欢迎，如：《非贸易外汇管理的百问百答》（温崇真、洪志华著），《外汇额度会计基础知识》（汪昕、温崇真、陈仁芬、周孝英、刘学良等著），《中国外汇管理》（吴晓灵主编，秦池江、温崇真等编写），《中国外汇管理新思维》（陈耀先主编，秦池江、温崇真、何泽荣、李守荣、于世阁、吴念鲁、吴克鲁、贾墨月、涂永红等编写）。

温崇真另发表文章若干：《浅议香港的国际金融中心地位与内地的关系》（《外汇管理》，1997年第2期）、《加强对进口开立远期信用证的管理》（《金融时报》，1997年3月9日）、《在参与中监督》（《新华每日电讯》，1995年10月）、《决不辜负人民的重托》（《人民政协》，1995年7月25日）、《人民利益高于一切》（《团结报》，1995年9月23日）等。

现在她又采用民办公助的办法，承担编写女性金融工作者风采大型图书的工作。做好这项工作难度很大，因为有些女性金融工作者已经八九十岁了。这实际上是一项抢救工程，趁这些干了一辈子的女性金融工作者尚健，要抓紧进行，况且她们也愿意将自己一生的工作经验和教训总结出来，留给后人。毕竟年岁大了，记忆力差了，有时候写字也提笔忘字，行动慢，想做的事情难以完成。为了让这些女性金融工作者发挥出自己的余热，将自己人生的华章展示后人，温崇真联合李守荣、魏革军、王喜义、秦池江、孙尚斌、彭志坚、苗现林、贾墨月、杜安、黄东涛等人去采访，查找有关资料进行整理出书。不要忘记，这些人都曾经历艰苦的岁月，但她们都以自己特有的女性的坚强没有沉沦，而是以各自的方式为祖国的经济建设贡献出了自己所有的光和热。

四、立足金融、外汇工作岗位，奋斗敬业

尽管奔波于参政议政的舞台，但温崇真总是将本职工作放在第一位。1995年3月11日，《人民日报》记者皮树义访谈她后，刊登文为《外汇储备增长1.4倍的启示》。当时国家外汇储备为516亿美元，比上年增长1.4倍。李鹏总理在政府工作报告中回顾1994年成就时，就谈到这两个令人惊喜的数字。全国政协委员温崇真说，外汇储备很重要，"家有存粮，心里不慌"。外汇储备大幅度增加，意味着国家对外支付能力大大提高，调控能力得到加强；意味着对外开放的条件进一步改善，可以更多地引进国外先进设备、技术，加速我国经济增长。她说，上年外汇储备的大幅度增加是外汇改革成功的重要标志。汇率统一，使汇率杠杆的作用逐步发挥，调动了企业出口创汇的积极性，改善了外商的投资环境，加之结售汇制的实行，这些举措增加了外汇储备的来源。她提出，外汇改革是一项风险较大的改革。1993年人民币汇率一度跌到11元兑换1美元。汇率并轨，人们常担心汇率能否稳得住，外汇储备能否稳定增长。一年的实践做出了令人放心的回答。皮树义记者问，那么外汇改革有哪些成功经验，对今后的改革有哪些启示？作为国家外汇管理局的总经济师，温崇真认为，一是改革采取了渐进的策略，有过渡期，不追求一步到位，对外资企业不搞"一刀切"，充分兼顾了各方面的利益；二是广泛听取各方面意见，改革方案设计得比较科学合理，避免出台后再做大修改；三是精心细琢，改革出台前就认真培训人员，出台后针对新问题采取有效措施，保证了改革顺利推进。她向记者强调，要抓住当前改革时机巩固发展外汇改革的成果。她认

为，外汇储备516亿美元并不多，因为我国人口众多，地大物博，需要进口先进技术、设备，要偿付外债本息，对外汇需求是很大的。建议要进一步鼓励企业出口创汇，要注意国外短期资本流入问题。我国汇率稳定，国内外利差较大，国外短期资本注入谋利，如不加强管理，会扭曲外汇供求，加大人民币投放，增加通货膨胀压力。居民外汇储蓄和手中持有的现汇达到几百亿元，数量巨大，她提出可考虑适当发放一些外币债券，把闲散的外汇充分利用起来。在谈到外汇管理时，看她那神态，有几分骄傲，更有一种自信。

她回忆，1986年外汇储备达到警戒线，怎么保证138亿美元的外汇储备呢？唐庚尧时任外汇管理局局长。他向全局干部下达了要群策群力保138亿元外汇储备，只能上升不能下降的命令。国务院领导很重视。温崇真当时任职中央外汇业务处处长，她首先要弄清家底数字，组织了全处干部，将手工记账改为计算机记账，历时一个月，做到手工记账和计算机记账的数字核对无误。这一工作时间紧、任务重，好在中央外汇业务处年轻人较多，他们又有干劲，通过加班加点，晚饭就是一袋方便面充饥，坚苦奋战，将600多个账户数字核对得清清楚楚。另全国各省、市的外汇使用数字正确无误才报到国务院。国务院根据核清的底数出台了对外汇储备的宏观调控政策：将1986年底外汇数字与1987年底外汇余额相比，凡1987年底没用的外汇余额，统一上缴国库。这就是外汇挂账，以保证外汇储备的稳定。那年代，省、市、政府及企业为保证进口需求，外汇额度成为抢手"货币"，美元的外汇额度成为调剂市场的水银柱，外汇管理调剂中心成为热门闹市的窗口。

中央外汇业务中心设有审批外汇额度的权力，主要办理企业、部委的外汇额度账户。划拨外汇额度账户有关事宜，必须做到准确无误办理划拨外汇额度数字，在账目管理上要经得起外汇额度倒卖案件的考验。中央业务中心的干部根据规定做到：记账要有批件，收支记账数字要准确，认真记账，不能马虎，处里规定双复核把关制，即经办业务人员送复核人员无误，再送处长审核。尤其是图章的管理必须按规定保管，更不能忽视，只管账目，不管外汇审批。值得骄傲的是，和她共同战斗的将近60位年轻人：王青、杨春、朱庆、程军、王利梅、裴建军、许安佳、贾敬东、王敏敏、汪松岭、蔡锡富、蔡志远、黄洁、王珊、雷铁历、徐韶华、魏宏媛等，个个能干。回忆起这些年轻人，他们加班加点工作，从不讲价钱和条件，温崇真骄傲地称赞：外汇局培养造就了一大批认真工作的年轻人。

向日葵花向太阳，她喜欢阳光，需要温暖。随着年龄增长，变化多端的岁月，让温崇真懂得识别真假，认识真正的朋友。友不贵多，贵在知人、知情；情不论久，重在心动、心懂、心同、心诚；缘分万千，顺其自然，以心换心，以冷取暖。我们所认识的温崇真，展现了女性金融工作者的性格：光明磊落、毫不虚假，能将反面意见转为正面意见，不断改进工作。她回忆起在全国政协第八届三次会议召开之际，在外汇局的楼道碰上外汇检查司乔端司长。乔司长对她说：你是外汇局的领导，一些规定都是知道的，别在会上写提案让我们来答卷。温崇真听到场外的声音，心想人家提的应考虑。据此，她就将要写的岗位上的提案改了，整理出会议上其他委员提到的外汇问题向局长提出改进工作的意见，得到了一样的效果。

积极参政议政，完成金融工作。1997年10月22日，《团结报》刊登她一篇文章《加强金融监管，防范金融风险》。该文章明确指出金融监管的概念，监管的目的和意义，哪些部分需要监管，以便更加有效地完成金融监管工作。她说，作为民革中央委员，她要积极参政，完成金融工作。

1997年1月参加外汇局分局长会议女领导合影

1997年外汇局分局长会议开幕式（右起：温崇真、吴晓灵、陈元、戴相龙、周小川、李福祥）

　　近年来，我国宏观调控取得明显成就，金融形势进一步好转，金融监管工作得到加强，保证了金融秩序的稳定和货币政策的顺利实施，为我国经济发展和改革的顺利进行创造了良好的金融环境。

因此，温崇真指出：尽管我国金融监管工作取得明显成效，但必须清醒地认识到，当前金融风险的积聚和显现已不容忽视，如目前银行的不良资产比例增加，经营困难加大；一些非银行金融机构违章经营，非法集资，高息放贷，资产质量较差，各种金融犯罪和违章违规时有发生；由于远期信用证的管理太差，被一些企业利用搞融资活动，加大了银行的经营风险。这些活动的产生，原因是多方面的，有的是长期形成的，有的则是银行在大力拓展业务的同时，忽视了规范经营和内控制度的执行所致。

她提出：随着我国金融业对外开放的逐步扩大，中国金融业与世界金融业互接互补，无论在广度上和深度上都达到了较高水平，国际金融业风险也必然影响着中国金融业的稳定和发展。加强金融监管已经引起党中央和国家领导人的高度重视。所以，金融监管工作要强化金融执法的严肃性，加大金融监管力度，建立健全内部风险机制，自觉防范和化解金融风险，做到有法可依，执法必严，违法必究，树立监管部门的权威；金融监管部门要按照国际情况，建立健全内部控制制度，逐步建立一套有效的内部管理制度，提高监管人员的素质和现代化监管手段，加强金融干部思想建设、业务水平和金融法规的学习。所以，做金融工作的同志还要熟悉法律知识。如企业与企业、个人与企业之间发生的经济纠纷和经济诈骗界线难以划分，两个问题的定性容易搞错。经济诈骗是公安管辖的案件，经济纠纷是法院管辖的案件，据此，经济工作中出现的问题，一定要以法律为准绳、以事实为根据来立案，避免出现冤、假、错案。

温崇真在参政议政的舞台上有明确的思路，能够提出有影响的、推动工作的意见和建议，所以谈话颇有代表性。她告诉记者：为了开好大会，利用担任最高人民检察院特约检察员的身份，经常注意反腐斗争、农村社会治安等问题，随时收集这方面的资料；会前重视学习中共十四届四中全会精神和"八五"计划纲要。有了这些准备，她对开好大会充满信心。作为政协委员她随时留心，厚积而深思。她与朱培康20位委员共同呼吁要大力加强国家安全法的普法教育，并把安全法普法教育与爱国主义教育结合起来。他们认为，在经济迅猛发展的今天，国家安全和社会稳定是改革开放的保证，应有效防范和惩治危害国家安全的违法犯罪行为。1993年2月22日，全国人大第七届常委会第三次会议通过了《中华人民共和国国家安全法》。

在参政议政的舞台上，她由司法工作参政，又转到金融行业方面参政，2008年10月8日，她关注金融安全，积极献策，把在澳大利亚考察金融监管工作的启示，结合东南亚金融危机，在政协小组讨论会上，阐明外汇体制改革要加强宏观调控，使参会委员了解外汇管理工作。

温崇真在参政议政工作上，其热情如阵阵春风，扑面而来，是政协委员殚精竭虑之所求。

五、回忆中国银行工作点滴

20世纪60年代的大学生迈入中国银行大门的人并不多，但都分配在具体岗位工作。温崇真被分配在对公汇款的非贸易业务岗位上。她的同学孟照富做出纳。这岗位很锻炼人，不叫大才小用。坦白讲：没有中国银行的外汇业务基础，哪有今天的真才实学呀！当时，中国银行是国家规定的经营外汇业务的唯一银行。中国银行营业管理部的战友们，赵义芳、羡蕴芳工作勤恳、认真，年终决算，差一分钱都不能回家过年。

温崇真在中国银行工作了18年，经常回忆起老行长王伟才、卜

113

1995年，全国政协八届三次会议（张媛贞、何鲁丽、郭秀仪、刘延东、温崇真、程志清、张廉云）

明、蒋文桂，老处长王首民、赵征对她的帮助和影响。凡领导让办的事，她都能认真思考。1982年开始培训全国干部时，温崇真勤学苦练，编写《非贸易外汇管理》教材，参加制订《中华人民共和国外汇管理暂行条例》。这些资料被地方外汇管理局广泛应用。

在培训外汇管理业务时，她讲课内容朴实、易懂，理论联系实际，外汇管理分局的同志热心地说：温老师讲得通俗易懂，我们愿意听。回到分局就照这样去讲。

温崇真由营业部调到中国银行综合局工作时，就开始承担外汇管理政策的制订、实施、执行等业务工作，也经常到广州、大连、上海、青岛出差。当时对这些地方统称为：广、大、上、青天。她到各地学习经验，增长外汇管理知识。

在中国银行工作的同志有：唐庚尧、温崇真、汪昕、陈蟾慧、凌则惕、朱义信、赵维宙、戚坤兰、陈全庚、丁克难、孔祥昕等人，共创外汇管理局工作，可谓是组建外汇管理局人员，现在一些同志已离去，崇高的品德、精练的业务，为外汇金融工作付出一生备受人们敬重。

温崇真出席全国政协第八届会议

时间过得真快，从事金融外汇工作43个年头的她，人老心不老。

她的家庭是充满天伦之乐的美满大家庭：老伴孙尚斌，先后在中国银行、中国人民银行、财政部、中国农业银行等单位工作，于1997年在中国农业银行离休。孙尚斌于1947年参加工作，是抗日战争时期的儿童团长，为八路军送过信、挖过地道等。艰苦的岁月锻炼了他。他勇敢，不怕吃苦，为人正派，是一位真正地从"红小鬼"成长起来的共产党员。

他们的三个孩子都已成家立业，一家老少其乐融融，是一个美满的大家庭。

天增岁月，人增寿。迈入老年的她，在马年踏春之际，借用朋友的话结束这篇文章：做人，最重要的是打开心门，学会开心。开心代表活力与向上，生活里不要让微小的苦恼，影响自己看天空的笑容。只要拥有微笑，就能够豁达乐观地活着，要保持微笑，想着快乐。所以，高兴呢，就笑一笑，不高兴呢，就过一会儿再笑一笑，欢欢喜喜，清静自在。

亲历金融立法艰难的起草历程

—— 中国人民银行原条法司司长余培翘自述

余培翘

　　1933年11月出生，江苏阜宁人，大学肄业，中共党员。历任中国人民银行总行科员、主任科员、副处长、处长，中国金融出版社副社长，国库司副司长，条法司副司长、司长等职；副编审（副教授），高级经济师；曾兼任中国法学会第三届理事会理事、国家中高级干部学法讲师团高级讲师。

　　1949年6月参加革命，1994年7月，经中国人民银行批准离休。后又受聘中国远洋集团组建中远集团财务公司，同时出任该公司总经理兼党委书记。1999年卸任。

　　1949年6月新中国成立前夕，我抱着投身革命的满腔热情，参加了银行工作。在这个革命大熔炉里，我从事过出纳、会计、人事、综合、编辑、条法等诸多工作。不同的工作丰富了我的革命阅历，拓宽了我的知识领域，也锻炼和提升了我的工作能力。忆往昔，历历在目，感慨万千，但让我印象深刻、难以忘怀的是在我国金融体制改革的大潮中，我有幸参与、组织起草了两部银行法，从而为新中国的金融立法奠定了基础。

起草银行法律是改革的需要

　　1978年12月，党的十一届三中全会做出了要把全党工作重点转移到经济建设上来的具有划时代意义的战略决策，揭开了经济体制改革的序幕。为了适应中国建立社会主义市场经济体制改革的需要，我国的金融也随之发生了巨大而深刻的变化，这种变化不仅使原有的银行体制和金融状况大大改变，同时出现了各种新的金融关系和金融活动。首先是随着金融业的发展，恢复和分设了中国农业银行、中国银行、中国工商银行、中国建设银行以及各种类型的保险公司、信托投资公司、城市信用社和一些非银行金融机构，金融体制由过去单一的"大一统"，逐步改变为以中国人民银行为领导、国家专业银行为主体，其他如信托投资公司、财务公司、保险公司等多种金融机构并存和分工协作的金融组织体系；其次是由于改革的不断深化，金融业在国民经济中的作用越来越重要，金融机构和金融业务与改革前相比，有了极大的发展，出现了多种信用形式和信用工具，建立和开拓了金融市场，开辟了多种融资渠道，扩大了金融服务范围。中国人民银行作为中央银行的性质也随之发生了变化，它不再是国民经济建设中的"出纳"，而成为具有对国民经济建设进行宏观调控的重要工具。鉴于金融机构多元化和金融工具多样化，金融业的风险因素也在不断增加和趋于复杂，并随之出现了一系列新的金融关系，比如，中央银行与政府的关系、中央银行与财政的关系、中央银行与其他银行的关系，以及银行与企业、银行与客户的关系等。这些新的内外部的权利和义务关系，在原有的规章制度里都没有或很少体现，出现问题也就无所遵循、无法解决。因此，为了适应改革的需要，中央银行必须改变原有的监管理念和方式，减少单纯依靠行政手段和发布部门规章制度所带来的随意性、分散性和不连贯性，增强管理的稳定性、规范性和透明度，这就需要采取法律的形式来实施有效的管理，通过立法逐步把各类金融活动和金融管理纳入法制轨道，用法律来保障金融业的健康发展和正常运行。因此尽快立法，用法律来规范和理顺各方的权利和义务关系，做到各种金融活动都有法可依、有章可循，就成了中国人民银行的当务之急。

艰难的起草历程

新中国成立四十多年来，我们一直没有一部银行法律，这是我们金融法制建设和国家经济立法方面的一大缺憾。随着国家法制建设的加强和改革开放的需要，银行立法不仅是为发展社会主义市场经济创造良好法律环境的需要，也是我国经济立法中重要的组成部分。1988年7月，时任全国人大常委会副委员长的陈慕华同志就曾委托全国人大财经委员会的同志，听取了中国人民银行关于金融立法工作的汇报，提出了人民银行要抓紧考虑起草银行法的工作，并在当年全国人大常委会的五年立法规划中就列入了银行法。1989

中国金融之花

年，国务院又将银行法的起草列入了重要议事日程，并责成中国人民银行负责起草工作。随后人民银行就组织起草了《中华人民共和国银行法（送审稿）》报送国务院。后因邓小平同志南方讲话的发表以及党的十四大召开，改革的步伐加快了，这样我们起草报送的这部法，无论在指导思想还是框架设计上都与当时的实际情况不相适应，需要作较大改动，于是就决定要抓紧重新起草银行法。

我就是在这样的历史背景下，于1990年调到了人行条法司。当时人行总行领导给我的主要任务，就是要以最短的时间尽快恢复和调整银行法起草小组，加快银行法的起草步伐，以适应经济体制改革不断深入发展的需要。根据领导的指示，我们立即着手筹建新的起草小组，小组成员不仅包括人行总行有关司局的同志，还吸收了法律方面的专家学者，并聘请了银行界的老前辈，如时任总行副行长的尚明同志和中国工商银行第一任行长陈立同志作我们的顾问。起草小组本着建立社会主义市场经济体制的要求，结合我国金融改革的现状和发展方向，借鉴国际上的通行做法，起草符合当时国情的、规范中央银行和商业银行行为的银行法为指导思想，感到一部法律已无法覆盖改革后金融业出现的纷繁复杂的内外部关系，决定分别设计制订《中国人民银行法》和《商业银行法》两部法律的起草方案。新的形势和要求加大了我们起草工作的难度，首先是我们没有前车可鉴，同时由于银行法律的特点是专业行强、涉及面宽，它不仅要求起草小组成员掌握多方面的金融知识，还要了解相关的法律常识；其次是由于我国的改革是在不断地发展，金融改革也在逐步地深化，要通过相对稳定的法律形式去规范动态中的各种权力、义务关系，也颇费周折。因此在法律的制定中，既要把改革中的成功经验用法律形式固定下来，又要为今后深化改革可能出现的各种变数留下修改的空间。

中国人民银行与国际货币基金组织共同召开的"银行法高级研讨会"

　　鉴于银行在国民经济中的地位和作用，故在银行的立法中必然会涉及方方面面的权利和义务关系，因此对法律内容的提法不同、意见不一是可想而知的。当我们在起草《中国人民银行法》时，如何规范中央银行的法律地位，如何定义中央银行的货币政策目标，以及一旦国家财政在发生支付困难时，中央银行能否给予透支等，都存在着较大的分歧。在起草《商业银行法》时，同样遇到了很多问题，诸如这部法律的调整对象如何确定，应该怎样界定银行的组织结构和分支机构，是否应作为独立法人、享有独立民事权利和承担民事责任，以及如何对其实施审慎的监管等。其中还碰到如何确定这部法律的名称，因为如何定名的实质还是涉及这部法律的调整对象，当时也是众说纷纭。

　　为了解决上述问题，在起草过程中，小组成员要不断地学习、掌握和了解国家改革的动态。为了保证立法能充分地体现民意，符合当时的实际，使其更具操作性，我们广泛听取了国务院有关部委、人民银行省级分行、各专业银行、商业银行和其他金融机构，以及专家学者的意见，先后召开了多次规模较大、不同层次的座谈会、研讨会。为了吸收国外先进的立法经验，进一步与国际惯例接轨，我们除翻译、整理、参阅了大量的外国银行法资料，多次与国际货币基金组织对两部法的框架、内容进行磋商外，还与全国人大法工委和国务院法制局的同志组团，分别对英国、比利时、意大利、德国、瑞士、美国、加拿大、韩国、新加坡、澳大利亚、新西兰等十余个国家和香港

余培翘与国际货币基金组织官员共同主持"银行法高级研讨会"

余培翘（左一）与香港金融管理局原总裁任志刚共同探讨银行法起草事宜

地区的金融管理和金融法律体系进行了实地考察。可以说，人民银行完成这两部法律的起草工作，是集中了众多人的意见，凝聚了众多人的汗水，是众多人智慧的结晶。时任中国人民银行行长的李贵鲜同志，多次听取起草小组的汇报，及时作出指示；后来兼任中国人民银行行长的朱镕基总理，也赋予了极大的关注，还专为此事亲自接见了国际货币基金组织的官员，就我国的银行立法和他们进行

了探讨；老行长尚明同志虽年届高龄，却不顾寒暑、不分昼夜和我们起草小组的同志一道，奔赴各地听取意见，逐字逐句地和我们一起研究修改。在这样的基础上，起草小组在长达近三年的时间里，对两部法律的框架和条款，进行了多次反复地推敲和五次较大的修改，最终完成了《中华人民共和国中国人民银行法（送审稿）》和《中华人民共和国商业银行法（送审稿）》两部法的起草工作，于1993年10月经中国人民银行总行党组讨论通过，正式报送国务院审阅。

时任国务院总理兼中国人民银行行长朱镕基，专为银行法起草工作接见了国际货币基金组织的官员

银行法律颁布实施的作用

经国务院和全国人大常务委员会的审议、论证，1995年3月18日，第八届全国人民代表大会第三次会议终于通过了《中华人民共和国中国人民银行法》，它对中国人民银行的性质、地位、职责、

组织机构和货币政策与金融监管等作出了规定，中国人民银行在实施货币政策中不受政府部门和地方政府的干预，享有法律赋予的履行职能的独立性。这就标志着新中国第一次以法律形式确立了中国人民银行作为国家中央银行的法律地位，保证了国家货币政策制定和执行的权威性，完善了中央银行的宏观调控体系，加强了对金融业的监督管理，促进了金融业的稳定和金融体制改革的顺利进行。紧接着1995年5月10日，经过第八届全国人大常务委员会第十三次会议审议，又通过了《中华人民共和国商业银行法》，它首先以法律形式界定了商业银行的名称，规范了商业银行的体制和行为准则，对商业银行提出了审慎经营的要求，并把资产负债比例管理作为审慎管理的基本内容，明确提出商业银行要以安全性、流动性、效益性为经营原则，实行自主经营、自担风险、自负盈亏、自我约束。同时规定了商业银行在依法开展业务活动中，可不受任何单位和个人的干涉。这就为商业银行的自主经营带来了很大的空间和活力，从而有效地保护了商业银行、存款人和其他客户的合法权益，提高了商业银行的信贷资产质量，保障了商业银行的稳健经营和金融秩序的稳定，这些都为商业银行后来的改制、上市奠定了基础。

余培翘在"银行法高级研讨会"上作专题发言

1995年，随着我们起草的《中华人民共和国中国人民银行法》和《中华人民共和国商业银行法》的颁布实施，基本改变了我国金融领域缺乏基本法律规范的局面。随后通过从事金融立法和有关部门同志们的共同努力，全国人民代表大会及其常务委员会又陆续颁发了《中华人民共和国票据法》、《中华人民共和国保险法》、《中华人民共和国担保法》、《中华人民共和国证券法》、《中华人民共和国银行业监督管理法》和《中华人民共和国反洗钱法》等多部金融法律。为了保证上述法律的实施，中国人民银行还相继配套制定了《中华人民共和国外汇管理条例》、《中华人民共和国人民币管理条例》、《中华人民共和国外资银行管理条例》以及《金融机构撤销条例》等一批行政性的法规文件。这就为我们构建以银行法为核心的包括保险业法律制度、证券业法律制度、信托业法律制度以及其他非银行金融机构法律制度等在内的金融法律体系打下了基础。这批金融法律、法规的出台，对于调整和理顺各种经济、金融关系，维护金融秩序，促进经济体制、金融体制的改革发挥了重要作用。中国人民银行在积极抓好金融立法的同时，加强了金融执法工作，开展了对金融法规执行情况的监督检查，注意运用法律手段依法管理，使我国的金融执法水平有了很大的提高。各级金融管理部门按照上述法律、法规的要求，建立和完善了金融行政处罚和金融行政复议制度，积极做好金融行政处罚和行政复议工作，加强了对金融执法的检查，保证了金融法律、行政法规和部门规章的贯彻执行，从而维护了金融业的合法稳健运行。这样不仅巩固了我国金融体制改革的成果，同时还推动了我国金融改革的不断深入。

国家名片的一名守护者
——中国人民银行原货币金银局
原局长段引玲自述

段引玲

　　1941年出生，陕西省三原县人。1965年毕业于西北财经学院财政金融专业，同年分配到中国人民银行总行，一直从事计划、资金、货币政策、货币发行工作。从1975年起先后担任副处长、处长、副司长、货币金银局局长。1987年评为高级经济师。

　　从事中央银行工作36年，对货币流通、货币政策、信贷资金管理、货币发行工作非常熟悉，有较丰富的实践工作经验，并注重对货币政策的研究，在报刊杂志上发表过多篇文章。

　　曾在一些大专院校和总行研究生部进行货币信贷等专题讲座，并被聘为中国人民银行研究生部兼职教授。

　　1965年我从西北财经学院财政金融专业毕业，被分配到中国人民银行总行工作，2001年退休。在长达36年的工作中，从一般干部到副处长、处长、副司长、司长。有人说，人民币就是国家的名片，我的工作一直是与货币问题紧密联系着。从编制和执行现金计划，到关注和研究市场货币流通状况；从探讨出现通货膨胀的根源，到研究如何抑制通货膨胀；从着重注意现金指标，到注意研究和实施货币政策目标，实施人民币管理和现金供应等。在几十年的勤恳工作中，成为人民币的一名守护者，履行了自己的职责，作出了一些贡献。

一、编制和执行现金计划，监测市场货币流通状况

　　我到人行总行后被分配到计划司货币流通处工作，从一般干部到副处长、处长。我和我的团队，每年要编制现金计划，每月要分析研究现金计划的执行情况，每天要看货币（现金）的投放回笼数字，监测市场货币流通情况。

　　货币流通就是在商品交换过程中，货币不断作为流通手段与支付手段，为商品形态变化服务的过程。货币流通状况如何，是关系到我国国民经济全局的问题，是中央进行决策的重要依据。在改革开放之前，货币流通被严格区分为转账和现金两大部分。因为在单一的计划经济情况下，生产资料绝大部分都是按计划调拨的，货款随物资转账结算。因此，市场商品供应情况主要反映在消费资料和部分农业生产资料上，这些是要通过现金交易的。监测市场货币流

通情况，就把现金流通作为主要指标。

当时分析研究货币流通状况，一是从货币投放回笼的渠道分析。现金的投放主要是工资性现金支出，占40%以上；对农村的现金支出包括农副产品采购支出，农村财政信用支出等约占35%；城镇储蓄存款支出占10%以上，还有行政管理费支出等。现金回笼的渠道是商品（主要是消费品和部分农业生产资料）销售收入占70%左右；城乡信用收入包括城镇储蓄存款收入和农村信用收入，占20%左右；还有各种服务业收入、税款收入等。二是从货币流通的特点分析，季节性的特点比较明显。由于我国是农业大国，农副产品收购的旺季主要在下半年，所以我们必须了解掌握全国分地区的农副产品收购情况，特别是粮、棉、油等主要农副产品的收购情况，以掌握货币集中投放情况。上半年一般是货币回笼，另外受春节影响，春节前货币大投放，春节后货币大回笼。三是对市场货币量分布情况的调查，在当时为了更好地了解市场货币流通状况，我们每年年末作一次全国性的货币量分布调查。对于这项工作，各省、市、区银行部门都非常重视，进行入户调查统计。经调查统计，我国市场货币流通量80%以上在城乡居民手中，15%~16%在集团单位库存中。按城乡来看，市场货币流通量70%在农村，30%在城市；农村人口手持现金占市场货币流通量的60%，城镇职工及流动人口占20%。

搞好货币流通工作必须经常注意调查研究，要注意国民经济的状况，如工农业生产情况，商业购、销、存情况，基本建设情况，财政、信贷状况，市场物价状况等，进行综合分析，研究规律，并根据国民经济计划和商品流通状况编制每年的货币发行计划和现金计划，从每月的计划执行情况的分析中找出问题，采取措施。如果货币发行过多，国务院就会发出通知，控制社会总需求，控制基本建设投资规模和消费基金的增长，以控制货币投放，同时要努力抓好适销对路的消费品生产，大力组织商品回笼，还要大力组织储蓄存款回笼货币。

二、改革开放后货币政策的实施（货币工作的新变化）

改革开放之前监测市场货币流通情况，主要是市场现金流通情况。改革开放后，商品经济不断发展，生产资料进入市场，在商品化、货币化发展得越来越成熟情况下，要反映社会总需求和总供给的变化，就要研究采用与其相适应的货币供应量，这是商品经济发展的客观需求。我们团队从20世纪80年代初就开始研究货币供应量分层次问题，了解到西方国家运用货币供应量的情况，根据他国的经验，联系我国的实际，研究适合我国情况的货币供应量层次。1987年初，我在《金融研究》上发表了《对货币量分层次问题的探讨》。从1994年第三季度开始，中国人民银行向社会公布了货币供应量统计监测指标，这对于加强和改进我国宏观经济管理具有重要意义。

对货币政策最终目标的研究。改革开放后，中国经济快速发展，银行在国民经济中的作用越来越明显，对货币政策目标问题的研究也受到广泛关注。我们了解到世界各国货币政策的最终目标大都是通货稳定，经济增长，减少失业和国际收支平衡。这些目标从各国的情况看也不是都能够同时实现的，也是根据自己本国的情况，进行政策选择的。我国到底如何选择货币政策最终目标，当时有三种观点：第一种观点认为，稳定币值是货币政策的首要目标，因为稳定币值是发展经济的前提。从我国多年经济工作的实践看，很多人想快上，而且新中国成立后的几次较大的通货膨胀都是经济过热、速度过快带来的，所以应把稳定货币作为最终目标。第二种观点认为，中央银行应以促进经济发展为主要目标，因为经济发展是货币稳定的基础。第三种观点是把稳定货币和促进经济发展（双重目标）作为货币政策的最终目标。

我是持第一种观点的，这主要是根据我多年做货币流通工作的经验和对我国货币政策问题的分析研究得出的。1988年，我随中国经济体制改革研究会代表团到当时的联邦德国进行学习考察近一个月，对联邦德国的货币政策进行了较深入的学习研究。当时感到，联邦德国四十年来，做到了货币基本稳定的同时，经济发展情况也比较好，并使西德马克成为世界上的硬通货，主要是该国牢记几次严重通货膨胀的历史教训，把保持货币稳定作为该国货币政策最重要、最直接的任务。当然该国经济稳定增长使货币稳定有了物资保证。回国后，我执笔了《联邦德国的货币政策》作为代表团专题报告之二送中共中央、全国人大、国务院、全国政协等部门。这次学习考察使我对有关货币政策问题的认识有了一定的提高。

1988年，段引玲（右三）随体改委代表团去西德访问，拍于德国联邦银行

1995年3月公布的《中华人民共和国中国人民银行法》明确规定：货币政策目标是保持货币币值的稳定，并以此促进经济的增长。这就从法律上确定了货币政策的最终目标是稳定货币币值。

在货币政策的实施过程中，选择中介目标是非常重要的。多少年来，在实际工作中，我们是把贷款规模和货币（现金）发行量作为货币政策的中介目标进行操作。每年我们都根据国家的经济政策和金融政策、国民经济计划的主要指标、金融统计的历史数据和上期计划执行情况等，编制信贷计划和货币发行计划，再经国家批准。中央银行根据国家批准的贷款总规模，对各金融机构在一定时期内（通常是一年）规定一个贷款限额目标，条块结合，以条为主，下达给专业银行总行和人民银行各分行。现金投放回笼数以块为主，分省市区下达到人民银行各分行执行。在金融改革初期，20世纪八九十年代，货币发行量和贷款限额作为货币政策的中介目标，对于有效地实施货币政策起到了一定的作用。特别是1985年、1988年和1993年出现较严重的通货膨胀、国务院要求实施紧的货币政策时，都非常重视贷款规模和货币发行这两个指标。如1985年4月国务院同意并批准中国人民银行《关于控制一九八五年贷款规模的若干规定》，国务院指出，"控制贷款规模和货币发行，是稳定经济和巩固发展大好形势的重要措施"。从1994年起，中央银行货币政策的中介目标开始从现金和信贷规模逐步转向货币供应量。从1998年起，中国人民银行取消了对国有独资商业银行的贷款限额管理。这项改革是金融宏观调控的重大变革。

我们在实施货币政策中，尝试运用和不断完善货币政策工具，运用中央银行贷款、存款准备金制度、利率杠杆、再贴现和公开市场操作等。

国家名片的一名守护者

133

当时我作为货币政策司副司长，在货币政策工作的实施中，和大家共同努力，较好地完成了工作任务。

三、做好货币发行工作

我工作生涯中最后一班岗是担任货币金银局局长。那段时间货币金银局的主要工作是：搞好货币发行的日常工作；学习贯彻国务院颁发的《中华人民共和国人民币管理条例》；推进黄金管理体制改革。

（一）搞好现金供应工作

人民币是中华人民共和国的法定货币，由中国人民银行统一印制发行。人民银行行使中央银行职能后，人民币的发行是通过中央银行对金融机构贷款或金融机构从中央银行提取存款时，有一部分需要中央银行提供现钞，这就是货币发行；金融机构将现钞存入中央银行时，即为货币回笼。市场所需要的现金都是由各金融机构提供的。为了保证人民币发行的集中统一，中国人民银行设立人民币发行库，保管发行基金，即未进入市场流通的人民币产品。我们每年根据国家批准的货币发行计划，安排发行基金，并在全国进行合理调拨。人民币的发行保证了全国合理的现金供应。现金的广泛使用是我国经济运行的一大特色，特别是改革开放以后，市场经济不断发展，我国的现金需求量增加很快。在1978年之前的10年中，平均每年投放货币7.5亿元，1991年到2000年的10年中，平均每年投放货币1 200亿元。市场那么大的现金需求量，给我们的工作带来很大的压力，因为金融网点不能一日无现金，银行的现金供应出问题，市场就会乱，金融秩序就会乱。现金投放量大的年份和月份，人民银行印制和发行部门克服了重重困难，保证了全国的现金供应。

1992年，在全国计划
资金处长会议上讲话

要保证市场现金供应，给市场提供比较整洁的人民币，就要处理和销毁残缺、污损的人民币。《人民币管理条例》中规定"中国人民银行不得将残缺、污损的人民币支付给金融机构，金融机构不得将残缺、污损的人民币对外支付"，"停止流通的人民币和残缺、污损的人民币，由中国人民银行负责回收、销毁"。所以银行回笼的现金，清分和销毁是发行工作中工作量很大的部分。

反假货币工作也是人民币发行管理的重要问题。假币案件增加，严重扰乱了正常的经济秩序和社会秩序，给国家和人民财产造成了严重损失。我国人民币从设计到印制都注意发展新技术，加强防伪安全措施。我们在货币发行管理中，也将反假货币工作作为一项重要工作去抓，广泛进行宣传，内部严格鉴别，依法进行打击。

在货币金银局工作中，我要经常了解各地发行基金的分布和调拨情况；亲自检查发行库库房的安全；了解市场人民币的整洁度；现场查看残损人民币的销毁情况；反假宣传日和大家一起上街给群众讲解如何识别假钞等。

（二）深入贯彻执行《人民币管理条例》

2000年2月3日，朱镕基总理签发第280号中华人民共和国国务院令，正式发布《人民币管理条例》（以下简称《条例》）。《条例》是加强人民币管理，维护人民币信誉，稳定金融秩序的一部重要法规。金融部门都非常重视，人民银行领导召开全国电话会议，对《条例》的贯彻执行提出了明确要求，其他金融机构的领导表态，认真贯彻《条例》。我们组织了"《条例》宣传月"活动，声势很大，全国共100多万人参加。我和大家都在宣传日上街，向社会进行广泛宣传。

2000年，段引玲在钓鱼台国宾馆留影

《条例》的发布对金融部门职工，特别是货币金银部门包括印制、金币、钱币部门的同志来说是件大事，所以我立即组织大家进行逐条、逐段学习和讨论。在学习领会的基础上组织大家起草了《人民币管理条例释义》，对金融系统举办了学习贯彻《条例》的培训班，我到会进行讲解。为了深入贯彻《条例》，我们以《条例》为基本依据，建立和修订了与《条例》相配套的有关制度办法。在货币金银局工作，使我认识到货币金银工作务实性很强，管理的对象又是国家的重要财产——货币和金银，我们的工作非常重要，而且责任非常重大，所以必须认认真真工作，同时还要依法管理人民币，依法做好货币金银工作。

（三）积极推进黄金管理体制改革

长期以来，国家对黄金的管理，实行"统一管理，统购统配"的政策，并明确规定中国人民银行为国家管理金银的主管机关。随着我国市场经济的不断发展，黄金管理体制需要改革。货币金银局的同志经过几年的反复研究和探讨，提出了黄金改革的初步方案，在主管行长的主持下进行了多次讨论和修改，拟定了《关于黄金管理体制改革及建立黄金交易市场的意见》，经两次行长办公会议讨论，报国务院总理办公会议原则同意。由于黄金改革涉及很多部门，首先由有关部门主要领导参加组建了黄金改革领导小组，改革的主要事项由领导小组会议讨论。黄金改革的基本目标就是取消黄金"统一管理，统购统配"的管理政策，开放黄金市场，黄金价格由市场供求决定。基本目标明确后，我们主要抓分步骤实施，广泛征求中央有关部委、地方有关部门、理论界、企业等方方面面的意见，经过反复研究讨论，决定首先积极筹建上海黄金交易所；制定有关规章制度，如《黄金管理暂行办法》、《黄金进出口管理办法》等；理顺税收政策；确定市场监管部门等。同时还与各商业银行讨论黄金市场开

2000年，在办公室

137

放后如何开展这方面的业务。当时我们对人民银行分支机构特别强调在深化黄金体制改革的过程中，对黄金的管理工作不能放松。

在局里除了抓好业务工作，我还重点抓了局里的班子建设，将一批优秀的同志提拔起来，使这个集体更有活力。我在货币金银局虽然时间不长，但我感到在全局同志的支持、帮助和共同努力下，我还是比较好地完成了行领导交给的任务。

鲜艳夺目的金融改革拓荒者之花

——记中国人民银行原浙江省分行行长陈国强

陈国强

女，籍贯浙江长兴，1931年8月出生，1949年5月参加工作，1953年6月加入中国共产党。1949年5月至1953年12月任长兴县人民政府财粮科会计、吴兴县税务局计划股副股长；1954年1月至1966年8月先后任嘉兴地区税务局计划科副科长，嘉兴地区税务局、财政局计划预算科科长，嘉兴地区财办财政组组长（机构改革，撤局建组）；1966年9月至1970年11月在嘉兴地区"五七"干校劳动；1970年12月至1972年10月任嘉兴地区航运公司计财办主任；1972年11月至1977年11月任嘉兴地区革委会财办副主任；1977年11月至1991年7月任中国人民银行浙江省分行党组书记、行长、国家外汇管理局浙江分局局长；1998年3月离休。

陈国强同志曾担任中国人民银行浙江省分行顾问，浙江省第六届、第七届、第八届省委候补委员、委员，浙江省第五届、第六届人大代表，第七届、第八届全国人大代表和第七届全国人大财经委委员。

顺利重建金融秩序

1977年12月31日，国务院决定，中国人民银行总行作为国务院部委一级单位与财政部分设，自1978年1月1日开始分开办公。陈国强被任命为改革开放后中国人民银行浙江省分行第一任行长，是浙江省金融改革开放的拓荒者。

1978年11月28日，国务院发出《关于整顿和加强银行工作的几项规定》，以确保货币发行权的集中统一，保障中国人民银行货币发行、信贷管理、工资基金管理、金银外汇管理、金库条例、会计制度等一整套基本制度的贯彻执行。整顿浙江省金融秩序、重新发挥银行在经济运行中的作用成为陈国强及人民银行浙江省分行面临的首要任务。在此之前，银行的作用并没有真正发挥出来，信贷业务并不顺畅，对社会资金的储蓄、调剂和分配也远远不够，这当然会使实体经济发展受到影响。同时，诸多企业存在管理混乱、库存积压、家底不清的问题。1977年前后，据统计，浙江全省企事业单位积压的物资有五六亿元，同时还有大量的贷款被挤占挪用。

陈国强讲述了当年的一段往事。1978年，人民银行还承担着城市工商信贷和城镇储蓄的职责。到了夏收季节，主要作物小麦、蚕茧等农副产品收购需要资金，然而当时分行面临的情况是没有钱。怎么办，为了筹集信贷资金，陈国强专门到人民银行总行汇报。总行特批浙江省分行在专项资金中调用1亿元，用于解决分行的燃眉之急。资金到位后，浙江省农副产品收购打了一场漂亮的大战。同时，金融秩序重建在浙江省迅速实施。

为了确保银行信贷对经济发展的长期支持，根本上是要将储蓄搞上去。1979年，在征得人民银行总行李葆华行长的同意后，浙江省分行在全国率先恢复有奖储蓄业务，明确了有奖储蓄余额的20%可用于当地经济建设。这一举措受到了当地政府的大力欢迎和支持，银行吸收了相当数量的闲散资金。到1979年底，浙江全省城乡储户扩大到150万户，储蓄存款余额11.79万亿元，比年初增加了4.06万亿元，增长52.5%，是新中国成立以后浙江省储蓄存款增幅最大的一年。

人民银行浙江省分行按照各种农副产品收购时间的先后，利用各专业银行贷款使用上的时间差、地区差，灵活调度人民银行对各专业银行的短贷指标，解决当地农副产品收购、结算过程中的急需。浙江省分行还与其他省市分行达成协议，利用资金运用中行与行之间的时间差、地区差进行积极调度。此外，人民银行浙江省分行还开展了对全省工商企业和行政事业单位全面的清仓查库，共清理出约10亿元的库存物资；一大批可以利用的物资用于生产或投放市场，约2亿元的报废物资给予核销。最终，广大企事业单位的物资和资金搞活了，银行也清理收回了许多被不合理占用的贷款，浙江省的财政也超额完成了任务。

1978年，中央决定要解决大批返城知青的劳动就业问题。发展城镇街道集体企业、安置城镇青年就业则是陈国强在当时特定环境下的另一项改革创新。这样做，既响应了中央政策，又维护了社会安定，客观上促进了浙江省所有制结构的变化和多种经济成分的发展。浙江省需要统筹安置的知识青年数量很多，小型集体企业和服务业成了扩大就业的主要方向。但是，当时信贷政策规定银行不能为这些企业办理开户、结算等服务，更不能发放设备贷款。在这种背景下，回城知青创办小企业遇到了实际困难。

1979年6月，陈国强又向人民银行总行建议改革现行的信贷管理办法，金融服务应当支持待业青年创办的各种小型集体企业和服务业。在总行的支持下，浙江省分行发文明确：凡经工商管理部门登记、发给营业执照、有一定自有资金、实行独立核算的城镇集体企业和知青企业，允许在银行开户；城镇集体工业企业产品质量好、适销对路，但由于原材料集中到货致生产周转资金临时不足的，银行可以给予贷款支持。在浙江省分行政策的支持下，全省城镇小型集体企业如雨后春笋般诞生，仅杭州、宁波、绍兴三市就

中国金融之花

安置了近3万人。这一信贷办法的突破得到了总行的认可和赞许。
1979年10月，人民银行总行在杭州召开全国银行计划工作会议。会议期间，李葆华行长参观考察了4家工厂——杭州制钉厂、杭州灯泡厂、杭州制皂厂和杭州电风扇厂。浙江省分行对这4家集体企业都发放了中短期贷款。在会议上李葆华行长明确表示："银行要扶植城镇街道集体企业的发展。它们发展了，银行的存款就多了，我们信贷资金的来源就充足，银行工作也就活了。在这个问题上，我们都要像浙江省分行同志那样解放思想。"其间，按照邓小平同志提出"银行要成为发展经济、革新技术的杠杆"的要求，浙江省分行还根据浙江的实际，就如何扬长避短，全面调整浙江的信贷结构向李葆华行长作了专题汇报。他听了很高兴，并为此特批给浙江省1亿元中短期设备贷款的指标，用于支持企业的设备更新和技术革新。

独立履行央行职能角色，构建地方金融体系

20世纪80年代初期，人民银行既当裁判员，又当运动员的局面被打破。1983年9月，国务院正式发文决定成立中国工商银行，承担中国人民银行原有的工商信贷和居民储蓄业务，人民银行则专门行使中央银行职能。1985年2月15日，中国工商银行浙江省分行正式从人民银行浙江省分行划出分设。人民银行浙江省分行的职责更多转向拟订金融业改革和发展战略规划，推动浙江省金融业整体发展与改革。陈国强作为央行分行行长的工作内容也有所不同了，少了些具体业务，多了些宏观调控，职责更重、任务更艰巨了。

当时随着经济改革的深入，浙江省率先出现了多种经济成分和多种流通渠道共存的局面，原来单一的国家银行信用手段已无法满足社会对融资方式和资金需求多样化的要求。在人民银行总行的领导下，以陈国强为首的人民银行浙江省分行开始摸索与当时经济发展相适应的、更为灵活的融资服务方式。陈国强和秦尧、程志亮、陈颖光副行长以及同事们进行了一系列开创性的工作，各种新型的金融机构诞生在浙江，人民银行几乎所有的改革都先在浙江试点。换句话说，浙江成了中国金融改革的前沿和实验区。1979年至1989年的10年间，可以说浙江金融市场真是热闹。浙江省的经济之所以能够一直保持这么强的活力，与当时金融的活跃是分不开的。

在浙江金融体系和金融格局的不断健全发展中，在陈国强的带领下，人民银行浙江省分行对金融改革始终大力支持，很多金融新业务在浙江出现得很早。1984年，浙江省分行成立了浙江租赁公司，这是新中国成立后浙江省唯一一家经中国人民银行总行批准的金融租赁公司。

1987年1月，浙江省绍兴县信用联社和鄞县信用联社成为人民

银行总行在全国确定的6家进行农村信用社与农业银行脱钩试点的县信用联社中的两家。在当地政府和人民银行省、市、县分支行的领导下，两家联社都在当年实现了与农业银行脱钩，成为独立核算的经济实体。

浙江省证券领域的拓荒是陈国强及其他先行者们主导的又一场重要金融创新。浙江第一家证券公司浙江证券的成立，浙江第一家上市公司"凤凰股份"的发行、全国第一家异地交易的证券营业部的成立……这些往事直到今天仍然为人津津乐道。1988年5月，浙江省分行开始筹建浙江省证券公司，并于8月1日对外试营业。这是浙江省第一家规范化的专营有价证券的非银行金融机构。上海、深圳证券交易所成立后，浙江省证券公司是最早在两地取得会员资格的证券商。1989年3月，浙江省证券公司代理浙江凤凰化工股份有限公司发行"凤凰股票"510万元，从此拉开了浙江省向社会公开、规范发行股票的序幕。"浙江凤凰"也成为上交所首批上市的"老八股"之一，而且成为全国第一家也是当时唯一一家异地上市股票。

1980年1月12日，经浙江省政府同意，人民银行浙江省分行积极推动恢复了中国人民保险公司浙江省分公司。到当年底，全省12个市（地）、县建立了保险支公司，当年全省保费收入475万元。

与此同时，浙江省华侨投资公司于1979年8月在人民银行浙江省分行的推动下设立了，这是全国较早经营信托业务的非银行金融机构之一。此后，根据人民银行总行指示精神，浙江省分行分别在部分地市试办信托业务。截至1980年底，全省人民银行系统有56个分支行成立了信托部。

为支持浙江集体、个体和私营经济发展，1983年，绍兴等地的人民银行分支行就在酝酿筹建城区集体所有制性质的金融组织。1984

年，人民银行浙江省分行经过研究，同意试办城镇集体金融组织，浙江省第一批城市信用合作组织在绍兴和温州两地正式成立。

一直处于聚光灯下的温州金融改革，在20世纪80年代就曾开启过一场风起云涌的利率改革。1980年10月，温州苍南县金乡镇农村信用社率先试行浮动利率改革，存款利率由国家规定的月息4.5厘上浮为一分，贷款利率由月息6厘上浮为1分5厘，使当年底该社浮动利率存款余额上升到21万元，次年底上升到54万元。存款快速上升，既支持了当地乡镇企业和家庭工商业的发展，又发挥了农村信用社的中介作用，平抑了民间借贷利率，信用社自身也获得了显著的效益。当时苍南县金乡信用合作社摘掉了连续26年的亏损帽子，当年盈利2.5万元，次年盈利8.6万元。此后，农业银行、工商银行温州地区的部分机构也开展了利率改革尝试，利率改革从温州农村的信用社扩大到城镇银行。到1986年6月底，试点范围逐步扩大到387个农村信用社，占全市总社数的78.8%。为加强统一管理，制止相互攀比、随意提高利率档次，在陈国强行长等的集体努力下，《温州市利率改革试行方案》经人民银行总行批准后，作为利率管理的地方法规，于1987年9月21日起试行。于是，温州市被正式列为全国第一个进行利率改革的试点城市。

打赢金融人才战

人民银行浙江省分行恢复时，从原来的浙江省财政金融局划过来的人数不到100人。队伍的构成也是青黄不接，处长一级的干部都是老革命出身，年龄多为六七十岁了，县支行的队伍构成更为复杂。无论是人民银行独立行使央行职能，还是全省金融业格局的确立与大发展，人才短缺始终是一个严峻课题。金融业的每一处都像荒原期待种子一样期待人才。陈国强上任伊始，便果断决定尽快配备、充实骨干队伍，同时抓紧培养懂金融的专业人才。

当时人民银行浙江省分行大胆提拔了一批事业心强、有业务能力的生力军干部，充实调整100多人进入省分行处室和市（地）、县分支行，成为银行的中坚力量。此外，浙江省分行还对108名临时工、合同工通过考核转为正式干部。为了进一步挖掘人才，浙江省分行还派出10名干部，历时半年，到各市（地）考察干部，充实到银行各级领导岗位上。

进入20世纪80年代，金融业形势的变化又给陈国强行长提出了新的要求。随着从国家银行到专门行使中央银行职能的转换，培养全新的市场经济型人才成为当务之急。她回忆："当时人民银行和工商银行虽然从机构、业务等方面实现了分设，但刚刚摆脱了计划经济，全国银行的广大干部对市场经济环境下如何真正行使中央银行职能，从理念到实务上还不能说是行家里手，需要弥补的东西还有很多。"

为了培养适应市场经济发展的金融人才，人民银行做了种种努力。总行层面创办了人民银行研究生部，这便是后来的"五道口"，之后，又创办了中国金融学院，培养了一大批金融高管人才。省分行层面，各地基本都有银行学校，金融培训班也如火如荼地开办起来，为地方金融人才的培养起到了关键作用。就拿浙江金融学院来说，走出来不少赫赫有名的金融家。或许他们后来又进入各种名校深造，但却有着浙江银行学校倡导的披沙拣金、融会贯通的深深烙印，他们又大都曾在人民银行这座熔炉中冶炼过。陈国强倡导的金融理念无疑对他们的成长有着某种影响和联系。

在那个"对知识充满渴求和热情"的70年代末80年代初，人民银行浙江省分行委托杭州大学开办了金融班，并在浙江银行学校开办了全省业余电大，组织在职职工学习金融知识。此后，浙江省分行的金融培训班一直延续下来，而且保留了央行办学的灵魂和个性——强调实务教学，既有经济理论和市场方面的知识，又针对中国金融业改革现状开设专业课程，鼓励同学们就金融改革过程中发生的各种现实问题相互讨论、深入研究、出谋划策。这种教学方式极大地调动了学员动脑筋思考问题的积极性。

浙江不仅是一个民间金融活跃的地区，还是最早与西方银行业频繁交流的地方，是西方先进理念与市场理念最早全面实践的地方。这与陈国强等的大力倡导以及人民银行的领头作用是分不开的。

1980年4月，应美国联邦储备银行的邀请，中国人民银行行长李葆华率团赴美考察。这是中国人民银行派出的第一个国外考察团。总行指定陈国强参加考察。这次考察在陈国强的金融生涯中是极为重要的经历。当时李葆华行长给考察团成员们的任务是：调查了解资本主义国家银行的最新状况，弄清楚美国国家银行是怎样进行宏观调控的，美联储在行使央行职能方面是如何运作的。在历时一个月的

考察中，陈国强第一次与西方国家的中央银行及金融专家有了近距离接触。回国后，根据自己的所见所闻，陈国强撰写了《访美情况报告》，受到总行领导的重视。此后，人民银行分行行长又多次对美联储和英格兰银行等进行考察，陈国强这份报告提供了重要的参考作用。

此时，央行开始扩大与西方银行业的交流往来，既引进西方国家的专家来交流讲课，又组织内部员工出国考察学习。越来越多的国外专家学者陆续到国内讲课，介绍国外金融业的先进经验和做法。此后，人民银行浙江省分行与海外银行业的往来日益增多。1978年，浙江省分行迎来了美国芝加哥银行代表团，共有30多人，是在全国较早接待的一个规模较大的国外银行代表团。从1980年到1986年，浙江省分行先后迎来了20多批国外的银行代表团。同时，浙江省分行也先后多次派人赴国外考察、培训。

与上海国际金融中心建设配套发展

"依托上海"是陈国强给浙江金融版图留下的重要贡献。1990年，中央做出开发上海浦东的决策。浙江省政府提出"接轨浦东、依托上海、发展浙江"的战略思路，并且开始筹建"杭州高新技术开发区"和"钱江外商、台商投资区"，进一步提高杭州和杭州湾两岸的开放度。1990年8月，陈国强随省政府代表团访问上海后，又专门到嘉兴等地考察，并且召开行长会议进行研究。经过认真调研，陈国强提出"依托上海、发展浙江"的重要发展战略。

当时，浙江省金融业发展定位是：对接上海国际金融中心，与上海国际金融中心建设配套发展和同步发展。专家们认为，进驻上海的外资金融机构资金相对充裕，必将寻求国内金融机构为合作伙伴，江、浙两地金融机构必将进一步丰富长三角地区的资金来源，

中国金融之花

提升区域金融总量。此外，集聚于上海的银行业、保险业、证券业等金融机构出于对经营成本和风险分散的考虑，不仅会在上海拓展业务，还会在上海周边地区寻求进一步发展的空间。陈国强要求当地金融部门一定要积极配合，主动服务。

在浙江省分行的努力下，省内金融系统迅速做出反应，出台各项措施支持开发区建设。此后几年里，浙江省内专业银行开发出了种子资金、租赁贷款、票据贷款等一系列金融产品，解决开发区中小企业融资难题。

由于浙江省外向型经济发展迅速，对外经济贸易扩大，要求金融业对外开放的程度也要相应提高。在依托上海战略之后，陈国强领导人民银行浙江省分行又以"大金融"的思维，对各项开发区项目和对外开放合作给予了最大范围的支持。

1984年4月，国务院决定开放沿海14个港口城市，浙江省的宁波、温州名列其中。陈国强参加了省政府对宁波小港开发区的选点和温州机场建设的研究。1985年，在陈国强的主导下，人民银行浙江省分行对宁波经济技术开发区和温州经济技术开发区安排了8 300万元的开发性贷款，用于小港开发区的基础设施建设，以及宁波栎社机场、温州机场的建设。这项贷款的发放对引进外资和发展新技术起到了关键作用。如今，宁波开发区已经成为外商进入中国市场便捷的门户和桥梁，温州经济技术开发区也吸引了20多个国家和地区的客商前来投资设厂。

1989年，经人民银行总行批准，香港渣打银行在杭州开设了代表处，结束了浙江省无外资金融机构的历史。此后，诸多外资金融机构纷纷来此开展市场调研，向一些发展前景较好的项目和公司发出合作的信号。这些在今天也许算不了什么，但在当时的确都起到了开先河的作用。

陈国强行长受命于浙江金融改革开放之初的关键时期，是浙江金融改革的拓荒者。她的身影没有离开过浙江金融改革的前沿，为浙江金融业的改革发展，刻下了一座座历史丰碑。20世纪90年代后期，为党工作了50多年的陈国强行长逐渐淡出金融工作领导岗位。然而，她的许多改革思路及措施给浙江金融版图创立了金融改革开放的许多个全国第一，充分展示了一位革命前辈的改革创新精神，一朵鲜艳夺目的金融改革拓荒者之花跃然纸上。

（本文由李守荣、孙芙蓉采访并整理）

中国金融之花

倾尽心力铸师魂

——记首都经贸大学财金学院
院长、教授贾墨月

贾墨月

1945年1月出生，中共党员。1968年7月毕业于中央财经大学国际金融专业，教授，硕士生导师，获国务院政府特殊津贴。曾任：首都经贸大学财金学院院长，现任：北京工商大学嘉华学院金融与贸易系金融专业建设带头人。论文《中国金融改革参照系——意大利国有银行研究》获"八五"优秀经济论文。

专著《现代国际金融理论与实务》获北京市第三届哲学社会科学优秀成果二等奖；主持的《数字化金融实验室建设与运用》项目荣获北京市教学成果一等奖，国家级教学成果二等奖。

在人的一生中，所见所闻可以多得数不胜数，但它们大都如过眼烟云，转瞬即逝。而关于人生、道德、职业操守等方面的箴言，虽短得只有一两句，却可以令人奉为座右铭，并毕生践行，始终不渝，这真是一个奇妙而又真实的人生现象。

首都经济贸易大学金融学院贾墨月教授就有这样一个传奇人生，她在金融教育战线上为我国的金融事业培养了一批又一批的人才。

一、师魂奠定、历练人生

1961年，贾墨月初中毕业获得中学生银质奖章，可以保送北京市任一高中学习，后因家庭困难保送到原北京师范学院（现首都师范大学）预科上高中。三年的预科学习生活育人成长，"教师是人类灵魂的工程师"深深地刻在她的脑海里，她准备直接升入原北京师范学院，毕业后做一名人民教师。

然而1964年高中毕业，贾墨月未能如愿直接升入北京师范学院，而是按照国家的要求参加了高考。因是英语考生，被提前录取到中央财政金融学院（现中央财经大学）的国际金融专业，是我国第一届国际金融专业本科生。经过专业学习，她雄心勃勃立志为我国新开创的涉外金融事业作出贡献，然而由于十年动乱，政治气候多变，毕业时，又被分配到部队、工厂"接受工农兵再教育"，一干就是十多年。其间，当兵围海造过田，抗过台风海啸，大森林深处扑过山火，干过会计，搞过技术，还曾做过"麻脸"的车工，经受了锻炼、见了世面、历练了人生，这对她以后从事教育事业起到了重要作用。

我国经济改革开放以后，国际金融行业十分缺人，贾墨月也曾努力想回到所学专业上去，在中国银行北京分行成立时作为业务骨干调进，遗憾的是又被北京市人事局退掉。几经周折，最终还是没能进入国际金融行业工作，在1981年回到了学校（现首都经济贸易大学）。真说不清命运是捉弄人还是成全人，反正转了一大圈后她还是当了一名人民教师，一名国际金融专业教师。尽管世事多变，尽管师院预科的那段读书生活已是很遥远的回忆了，但在教师的岗位上，她却始终记住一句话——教师是人类灵魂的工程师，并怀着神圣的使命感，沉甸甸的责任感，并为之倾注了全部的心血，为不辜负人民教师这一光荣称号而奋斗着，培养了一批又一批的金融人才。

20世纪90年代初是中国的社会转型期，外面的世界，经济金融大发展，诱惑无限。相形之下，更显得教师生涯是那样的寂寞而清贫。很多人离开校园，另谋高就去了。贾老师也不是没有机会，外汇管理局和中国人民银行先后找过她，给出的条件都很优厚，香格里拉的国际金融会计工作给出的是美元工资。贾老师对此也曾权衡过，犹豫过，但在潜意识里还是觉得教书是自己难以割舍的事业。

二、勤勤恳恳铸师魂

几十年的教师生涯，贾墨月教授深深地体会到，无论做什么工作，只要有了理念、不断研究、认真地做，都会有成果，都会从工作中得到快乐。为了培养出合格的金融人才，她倾尽了全部心血。

当然，三十多年的教学工作并不是一帆风顺的。

在刚开始讲课时，由于十多年工厂、农场的锻炼，她对所学的专业知识忘了不少，而经济金融形势的发展，相应地新的资料也不

中国金融之花

156

多，经常是50分钟的课，一半时间就讲完了，不知再讲什么，只能尴尬地站在讲台上。为了重新捡起专业，她执着地奋斗着，每天上午到业务单位了解业务现状，下午到图书馆看书，晚上围着平房的火炉子写讲稿。常常是写完一看，天亮了，就草草地收拾一下，走上了讲台。不过这也使她养成了一个好习惯，至今，跑业务单位了解金融现状是她的保留节目。最早是向在银行的老师请教，接着是向在银行工作的同学要案例，现在是愿意向她那么多的学生提供研究资料，无论是讲课的还是做课题的，甚至和学生们合作建立了校企联合基地。

贾老师一贯认为，作为一名教师，不但要教书，还要育人，因此，要关心和爱护学生，了解他们的心理特点，摸准他们的思想脉络，教育才有针对性。当代的青年学生有着自己的特点，他们生性活泼、追求新的知识，尤其是在网络时代，他们从网上、社会上、书本上都能得到信息、知识，应教什么、怎样教法？要不断改进教学方法，从而使他们的素质得到全面提高。长期以来，在金融教育战线上，她就是按照这一思路，不断探索，反复实践，最后形成了自己一套独特的教学方法和风格。

为此她在课堂上做过多次试验：一次是老师讲，学生们听和记，结果经当堂测验他们只掌握了20%，又一次老师一边讲，一边让学生们做，并将自己做的国际收支的图标贴在黑板上，让学生自己看，结果他们掌握了75%。教育的本质在于启发而不是灌输，学生们只有主动经过自己的思考，自己的动手和动脑，才能真正掌握知识。

在这种思路的引导下，贾墨月教授于1987年结合美国股市"黑色星期一"事件的发生，在国际金融课上，组织学生对此事件进行调研，在此基础上，开展知识竞赛，学生们热情很高，巩固了所学的国际金融知识，并关心金融热点问题。

　　1992年，正值我国股票市场建立，贾墨月教授启发和指导所教的班级组织开办了校内的金融模拟市场。学生们热情高涨，开办金融模拟市场，一无场地、二无资金，贾老师引导同学们克服一个个困难。他们用自己的零花钱购买了股票知识书籍，走访专家、请讲座、熬夜求人、团结协作。他们组织了金融市场管理委员会、投资公司、自己动手设计了上市公司、结算账户，充分发挥创造力，教室当做交易所，黑板就是行情版，橡皮刻成交易章，穿上自制的黄红马甲，以1元当做100万元登记自己的资金账户。一声锣响开市了，活生生的一个股市、债市、汇市诞生在校园里。两个小时过去了，有的成为百万富翁，有的却一贫如洗，尝到了收益和风险的滋味。学生们将所学的知识用在模拟实践中，不但真正掌握了知识，而且培养了他们的动手、动脑和创新的能力，了解了金融政策和法规。

贾墨月教授指导学生在仿真股市里忙碌着

　　金融模拟市场被学生们一届一届地传了下去，在此基础上，贾墨月老师两次立项获批，自始至终主持了金融实验室的建设。市领导参观后，也给予了大力支持，很快拨付了100万元资金作为经费装配了计算机。以后，又在学校的大力支持下，完成了二期工程，建立了数字化金融实验室。实验室功能齐全，形成全面网上金融业务模拟的互联网系统，局域网内可以仿真模拟银行各项业务，并设有金融市场的6个数字化虚拟职位，学生在任何地方，只要进入互联网系统的任何一个职位，就可以进行模拟金融交易。

　　实验室成为校内金融教学实习和试验基地。在实验室的建设中，师生自己动手充分发挥了他们的智慧、锻炼了实践能力，创造性地学习得到了真正的知识。毕业后，他们都成为业务单位的骨干。这个实验室以其先进性在国内各高校中名列前茅，该项目评为北京市优秀教改项目一等奖，获得国家级教学成果二等奖。

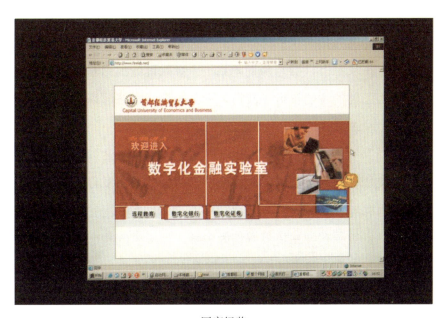

国家级奖

如何进行素质教育，是贾老师思考和探索的一个重要问题。她认为，应试教育的一个最大弊病，就是扼杀了学生们学习的主动精神和创新精神，对此，她是深有体会的。有一次讲一个金融租赁的概念，讲完后，她还在黑板上画了图示解释。第二次复习时，她又把图拿了出来，让学生按照图写出自己的理解，结果写出来的都是书上的定义。这说明他们只习惯背定义，对知识并没有真正理解。头脑里没有东西，写论文时只能东拼西凑，这样教育出来的学生怎能胜任将来的工作？现在的学生越来越多，如何使他们摆脱应试教育的不良影响，是值得教师认真思考的大问题。贾老师对此进行了一些尝试，例如，有一次讲到出口信贷的概念，她让四个同学分别扮演四个不同的角色，共同演示一下出口信贷的做法。他们分别按照各自角色的需要，从特定的视角出发，去审视和思考问题，讨论并解决问题。这种寓教于乐的方法，极大地调动了同学们的学习积极性，使他们通过主动思考，掌握了所学的专业知识。

为了启发学生动脑筋思考问题，在课堂上她常常在一个金融概念或是理论上先把学生的思维搅乱，进而引起讨论，保护学生的创新思维。一次课上，贾老师提问到一个金融理论的问题，一个同学按照书上正常的说法进行了回答，而另一个同学站起来又说了另外一种老师没讲过的做法，为此同学们争论起来。

贾墨月教授在教书的同时也非常关心学生的生活和思想，如学生遇到交朋友问题、家庭问题以及同学之间的矛盾及分配求职等问题，都愿意与贾老师谈心，贾老师也尽力帮助解决问题。同时，在学习期间，她要求学生培养好作为金融人员应有的素质，经常给学生讲社会发生的金融事件和案件，培养职业道德。

贾墨月教授在长期的教学实践中，认为作为一名教师，应清楚地知道，教师培养的不是一张张文凭，而是一个个人才。

中国金融之花

部分研究生弟子，现在已经是所在单位的业务骨干

三、学术研究创新了教学内容

在搞好教学的同时，贾老师也从来不忘科研。她深知若没有科研的支持，教学也是搞不好的，必须结合国际经济金融发展的新形势，增加专业教学内容，创新理论观点。面对20世纪90年代初我国步入经济改革开放的新局面，分析经济金融国际化、自由化的迅速发展，她撰写了《现代国际金融理论与实务》一书，在学科体系有很大突破，揭示了国际金融格局的重大变化，补充了国际金融教学的内容。为此得到了南开大学国际金融专家钱荣堃教授的赞扬，认为本书的体系观点青出于蓝而胜于蓝（贾墨月曾在南开大学国际金融师资班学习过，主要受教于钱荣堃教授）。该书被评为第三届北京市哲学社会科学优秀成果二等奖。体现在其中的金融一体化的发展趋势，已被90年代以后国际金融的发展实践所证实。

面对我国的国有企业改革，乃至国有银行将向国有商业银行的转变发展形势，贾墨月教授发表在《金融研究》杂志上的《中国金融改革参照系——意大利国有银行改革研究》一文，收录在《八.五经济研究优秀成果论文集》第四卷中。该文从意、法两国国有银行的改革经验为借鉴，着重谈了国有银行改革的几个重大理论问题。此后，她又发表了一系列的文章，如《从商业银行"流动性过剩"谈对其改革深化问题》；出版了相关著作，如《现代金融企业深化改革研究》《现代商业银行风险管理》等，继续深入阐述相关理论观点。这些超前性的研究成果，对于当前国有商业银行的发展仍具有一定的参考价值。

国际金融危机的发生，对于贾墨月教授来说，展开了新的研究论题。她从20世纪70年代发生在西方国家的通货膨胀研究起，到80年代的国际债务危机、90年代的亚洲金融危机、2008年发生的全球性的国际金融危机，都进行了跟踪研究。她不但将新出现的这些问题写在教科书上，如《国际融投资实用教程》（被评为北京市精品教材），并发表了多篇论文，如《从国际金融危机发生的根源探我国金融的科学发展》、《从流动性过剩探我国金融深化问题》、《金融危机深层次根源探索》等，还参编了外汇专家国务院参事温崇真、金融专家秦池江编著的有关我国外汇管理的著作。目前贾老师正在潜心研究以经济危机长波论分析国际金融危机发生的原因及防范问题，并力求创新国际金融理论观点。

贾墨月教授对经济形态的发展变化研究也非常感兴趣。早在她的著作《现代国际金融理论与实务》中就从人类社会经济发展的基本运转形态阐述了四种经济形态发展的必然性：自然经济—商品经济—市场经济—金融经济，四种经济形态的发展都是在为了满足人们不断提高的生活欲望、不断提高生产力，围绕着生产与消费的周转循环而形成的。金融经济形态的提出是她的一个创新概念，认为金融经济中生产与消费的运转是通过信用进行的（目前发达国家已经实现，我国部分实现），并出现了一个自成体系的金融投资市场，消化着过剩的流动性。贾老师在多次会上曾提出，面对新的经济形势，货币理论和货币政策有待创新。如她提出：股市的资金应统计在哪里？仅用物价表示通货膨胀是否还合适？应否将股价、汇价、债价甚至房地产价分别放在通货膨胀指标里？这些研究很有现实意义。贾老师不断注入了新的教学内容，启发了学生对经济热点的关注，引起了学生对新问题的讨论，提高了教学质量。

在学术会上的发言

四、学科建设领航了金融专业发展

贾墨月教授在学科建设上也倾注了大量的心血，并做出了成绩。她常说的一句话：如果专业建设是一艘航行的轮船，那么学科建设就是船上的帆。当她担当首都经贸大学金融系副主任、主任，财金学院院长后，一直很重视金融学科建设以此促进金融专业的发展。

在我国经济改革开放之后，面对金融涉外人才急需，贾墨月老师于1987年，在原院、系领导的支持下，与肖朝庆教授和曲洪老师通过社会调查和周密的计划论证，建立金融学专业国际信贷与投资专门化，并得到了当时中国银行资金部（目前的全球金融市场部）总经理张国文的赞许和帮助，并于1994年按照教育部的专业系列转为国际金融专业，为北京市涉外金融人才的培养作出了贡献。

然而，贾老师自1991年起担当了繁重教学管理工作以后也不是一帆风顺的。1992年，由于邓小平同志的南方讲话，经济出现了大发展的局面，金融热弥漫在整个市场上，金融系的部分教师禁不起金融市场发展的诱惑，纷纷下海，金融系原有的四十多位教师走了一半，并且走的几乎都是中年骨干，男教师只剩下了两个，就连金融系领导班子的干部也陆续走了四位。而由于国际金融人才的急需，国际金融专业的设立，金融系的学生不但招生的数量越来越多，且考生分数越来越高。在这教学困难重重的情况下，贾墨月教授提出了教育事业留人、职称留人、创收留人的口号，激发全体教师的事业心，团结协作，克服困难，并积极努力想办法增加教师的收入，如联系银行给业务单位办培训班，在学校和人民银行的支持下，建立校友促进教育基金会，一直到1997年后他们办起了在职研究生班，以专业优势为社会服务，收入问题才有了大大改观。

同时，贾老师他们不断引进人才，加强教师队伍的建设。开始引进刚毕业的硕士，进行培养；后又从外地引进了部分从银行和业务单位来的教师；至2000年之后又引进了部分博士和海归。师资队伍壮大起来，形成了较强的教师团队，这才有了专业和学科建设的基础和条件。

此后贾墨月教授和她的领导班子一起团结奋斗，紧随金融改革的步伐和金融业对人才的需要，拓展了几个学科方向，如金融市场方向、银行行销方向、金融理财策划方向、信用管理方向，形成大金融学专业。由于针对性强，学生毕业后很容易就业。为了更好地进行学科建设，贾老师带领全体教师进行多次国内外考察，向中央财经大学学习，向上海财大、南京大学、南开大学、天津财大、西南财大、辽宁大学等取经，并在1998年考察了泰国的金融危机现状、听取了工商银行新加坡分行的介绍，2001年在韩国调研经济金融危机后恢复情况及香港在我国政府支持下度过危机的过程等。在考察调研中，教师们对现实金融状况了解得更深了，开阔了眼界，明确了学科研究方向，提高了教学质量。

当金融企业逐步上市以后，贾老师为研究现代金融企业的经营管理理论，培养现代金融企业的经营管理人才，提出金融专业的定位是微观金融，专业使命是培养具有正确的政治方向、有理想、有责任感的国际化、市场型的现代金融企业的经济管理人才，并以此学科研究获批了北京市重点建设学科。学校金融专业的科研成果在学校名列前茅。

她认为一个成功的教师团队应该具备市场的研究洞察开发能力，这样建立起来的学科才能做到调查详细，方向明确，这就是科学教育观。

为了提高学生的学位层次，贾墨月教授于1996年申请获批了金融学专业硕士学位点授予权资格，2006年主持申报了博士学位点授予权资格。

目前贾墨月教授虽然已经退休了，但还担当着首都经济贸易大学督导专家的工作，并参加一所独立学院——北京工商大学嘉华学院的金融专业建设和教学工作，继续着自己热爱的教育事业。在总结以往经验的基础上，在该学院领导下确立了商科金融的培养方向，设立金融学公司金融 、金融学金融理财师、跨国公司金融培养目标，创新金融教学培养方案，建立了十个实习基地，运用北京市教委资助的70万元《打造金融学公司金融方向特色专业》项目，建设CFA、CFP银行仿真工作室及金融投资交易仿真平台，加强实践教学，带领教师出版教材《国际金融实务》，撰写《现代商业银行使用教程》和《经济与金融初探》讲义。2012年经教育部评估，嘉华学院获得了金融专业学士学位的授予权资格。

三十多年的教师生涯，有收获就要有付出，遇到的困难也是相当多的。但无论是有收获时还是有困难时，总有一句话"教师是人类灵魂的工程师，应倾尽心力铸师魂"回荡在贾墨月教授脑海中，支持着她的信心和努力。

贾墨月教授自1981年作为金融教师，主讲国际金融、国际融投资、国际结算等多门课程，三十多年来经她上过课的金融专业班级多达85个，约5 000名学生；作为硕士生导师，培养了32名金融研究生及多名金融行业里在职研究生。这些学生大都成为金融行业里的骨干，如华夏银行董事长吴健，海南航空公司总裁、海南资本董事长谭向东、中国远洋财务公司总经理刘超、中粮集团基金公司总经理杨亦、国家证券公司副总经理王丽、中信证券公司董事总经理王长华、中国银行授信部总经理周鹏、风险管理部高级经济师曹小敏、中国建设银行总行风险管理部副总经理赵志宏、中国农业银行北京分行副行长孙学文、中国平安保险公司北京分公司副总经理王小兵、首都经济贸易大学金融学院博士生导师王曼怡、金融学院副院长教授朱超等。据不完全统计，在2001年以前毕业的学生中，已经是银行支行行长、行政处级的学生约有60%，在2001年以后的毕业生中，科级以上也有70%以上。

网名"巨吴霸"

——记中国人民大学财政金融学院教授吴晶妹

吴晶妹

　　1964年出生于黑龙江省黑河市，中国人民大学财政金融学院教授；主要研究方向和业务专长为信用管理、社会信用体系、信用评级、货币银行等；在《人民日报》、《金融研究》、《财贸经济》等多家报刊杂志上发表学术论文近百篇，出版个人专著五部、合著与主编的著作与教材近二十部。其中个人专著主要有《中国企业与证券资信评估》、《金融经济学》、《资信评估》、《现代信用学》、《三维信用论》等。

金融花在金融论坛上

　　吴晶妹教授是我国第一个信用规划《社会信用体系建设规划纲要（2014—2020年）》的专家组组长；创立了现代信用学理论框架，提出了吴氏（WU'S）三维信用理论体系；是我国著名资深信用管理专家、信用评级界元老；是我国高校最早开设资信评估等信用管理相关课程的人，是我国第一个信用管理专业方向的博士生导师；是中国人民大学财政金融学院信用管理专业创始人之一（该校是我国经教育部批准第一批开设信用管理专业的三所院校之一），创设了信用管理课程设置与教材体系，被誉为中国信用管理教育第一人、现代信用管理学科奠基人。

曾任的社会兼职主要有中国信用标准化委员会专家委员、中国市场信用学术委员会副主任、北京大学信用研究中心客座教授、上海财经大学信用研究中心专家、北京国际金融学会常务理事、中国信用管理协会会长、中国信用经理人资质认证中心主任、北京信用协会会长、FCIB（Credit and International Business，Finance）认证专家（Certified International Credit Professional）和中国劳动和社会保障部认证的中国第一批高级信用管理师。

曾接受中央电视台、北京电视台和其他地方电视台的电视访谈以及新华社、人民日报、光明日报、羊城晚报等多家媒体的书面采访，主要有2002年6月北京电视台"银屏连着我和你"栏目的《诚实守信思考》、2005年10月CCTV4"经济"栏目的《征信建设》、2005年11月凤凰卫视"社会焦点"《信用》、2010年10月CCTV2"对话"栏目的《争夺信用定价权》和2011年12月深圳卫视"风云人物"栏目的《中国信用管理第一人》等。

勤奋努力，不茁壮成长

吴老师出生在20世纪60年代，那个时候物质并不丰富，家里孩子又多，妈妈身体很差，生下吴老师以后就去很远的大城市的军区医院住院，爸爸驻守边防站，不常回家，姐姐哥哥带着她，饥一顿饱一顿的。用吴老师自己的话讲，"小的时候日子清苦，但是自由快乐，不茁壮成长。"

在小学、初中、高中，吴老师都是班里学习最好的，在高考时取得了优异的成绩，令家乡人引以为豪。上大学的时候是吴老师第一次离开家乡，第一次看见火车，她一个人在没有家人陪送的情况下，到了千里以外的她仰慕的大学，读一个她以为将来毕业会去家乡的小金矿挖金子的叫"金融"的专业。大学毕业考上了研究生，她人还没到家呢，录取通知书已经寄到她高中的母校了，令师生们备感骄傲。后来她又读了博士。

学业完成后，吴老师进入大学当老师。工作狂人，对自己要求很高，好强上进，教学、科研、社会实践样样不肯落下，样样都要求好，白天忙不过来，就熬夜，有时甚至通宵达旦，身体底子本来就不好，加上长期过度劳累，吴老师的身体状况一直不好，后来还得了心脏病、胃病、气管炎……用吴老师自己的话说"人家一身功夫我一身病，五十岁的人八十岁的心脏。"虽然工作很辛苦、很累，而且饱受病痛折磨，但吴老师始终坚强、乐观、豁达。

与业内机构研讨

宣传信用建设，影响和推动专业教育发展

目前社会信用体系建设在我国正蓬勃开展。早在1994年，吴老师就提出"信用是话语权，信用评级是通行证"。她一直宣传

"我国应重视信用，开展信用管理，对外树立信用形象，对内进行社会信用秩序整治，建立信用规则，出台具体的信用惩戒措施"。从2003年发表《诚信是信用的基础》至今，吴老师已经在《人民日报》上发表了五六篇文章，宣传信用、信用评级与社会信用体系建设等。

吴老师是我国第一部国家级信用规划的专家组组长。她参与了国家信用总规划的起草和论证，国家发改委、人民银行、商务部等政府职能部委的规划设计、条例与管理办法制订，北京、辽宁、广东、江苏、安徽等很多省市级信用规划与信用工程设计、信用管理办法与措施制订，中国信用标准化基础术语与信用信息采集规范等系列标准起草与论证。

吴老师是我国最早开设信用管理课程、最早从事信用管理学科教育与科研的学者，是我国信用管理学科的创始人。

信用管理作为一门新兴的非主流学科，发展很不容易。由于教育资源有限，和很多新兴专业一样，信用管理专业起步时在课程设置和师资配置方面受重视程度不够。吴老师非常支持各地高校开设信用管理专业。上海、广东、江苏、天津、四川、福建等很多地方的高校想开设这个专业都来找吴老师请教。有的学校领导带着老师一起来北京拜访她，有的给她写信或发邮件。无论多忙多累，吴老师都热情接待或回复。有的学校领导把开设专业遇到的困难讲给她听，她也都积极帮着出主意。吴老师还几次向政府审批部门写推荐信帮助这些学校设立信用管理专业，并且帮助他们撰写开设专业的可行性与必要性的论证，提供自己设计的且已经成形的人大信用管理专业教学计划、课程与学分设置安排供他们借鉴。在2007年第6期的《中国高教研究》中，吴老师发表了《对信用管理专业建设的思考》一文，详细介绍了人大信用管理专业的建设与发展，以及自己对信用管理学科的理解和对学科建设的思考与学科发展的建议。

目前经教育部批准设立信用管理专业的高校已有20余所，每年进行一次交流和研讨，就课程设置、教材、师资、研究生招生开课、理论与实践相结合等方面的内容进行学习和探讨。

与信用标准化国际工作组，前排右一

学风务实，注重实践，理论联系实际

吴老师是个讲求实际、实事求是的人。她毕业之后虽然进入高校任职，但特别注重与实务部门保持联系。吴老师是我国第一批资信评级机构的拓荒者，她早年参与了北京某资信评估事务所的筹备、创立与运行，后来又对几家业内机构的筹备和成立提供帮助，从此一直没有脱离实务部门，并且和多家机构保持着长期深入合作，担任几家机构的专家顾问。

吴老师与政府部门和业内机构建立了良好的交流平台，她经常举办沙龙与政府官员、业内机构高管、专家学者、学生们进行交流。"吴教授信用沙龙"在业内很有影响，是联结信用管理理论与实践的桥梁，是我国信用管理领域的品牌沙龙，受到业内多家机构持续赞助，目前已举办十余次。

吴老师的信用管理研究立足于我国的实际情况，虽然也对欧美发达国家进行研究，但并不把这些国家的理论与实践经验直接搬来，而是以我国的社会与经济发展情况为基础，针对我国国情进行信用管理相关研究。吴老师一向鄙视单纯学习欧美、不重视研究我国实际问题的做法，就像她在博士论文《俺想跟党说几句心里话》所写：

重视本国问题研究，别以欧美独尊。俺是个"土鳖"，不喜欢出国，就喜欢在国内跑来跑去，跟实际部门一起搞搞调研，研究点儿具体问题。俺不排斥国际化，可是俺一直感觉立足本国应该是我

与世界评级集团三大股东

们学者的根本。但是，长期以来，学术界，甚至政界都有一股明显的洋化势力与崇洋风气。研究国内问题的都不算学问，研究本国问题的学者比研究美国问题的学者要低一等，科研考核、院校评比、大学评估都是这样倾斜的。人们极度推崇欧美，甚至到了这样一种程度：无论干什么、研究什么，我们的官员、学者就会先问："美国有吗？美国怎么做的？"如果美国没有，得了，这事您就是说破大天也没人听了。

我们的哲学社会科学必须根植于我国的文化、制度、社会理念与价值观，决不能盲目照搬欧美、崇尚追逐欧美。此风不可长啊！此风必得刹！这不仅将葬送我们的哲学社会科学，更重要的是将葬送我们的孩子、我们的文化！

优秀教师，教学标兵

吴老师讲课很有激情，有吸引力和感染力，轻松幽默，教学案例丰富多样，个人的观点与思考发人深省。同学们都很喜欢她的课，最爱逃课的学生一般也不逃她的课。多年来，在中国人民大学开展的教学评估以及学生网上投票中，吴老师一直名列前茅，是中国人民大学名师、教学优秀标兵，曾经作为公开教学示范，并且多次应邀对人大新教师进行基本功培训。

不仅在校生，包括本科、硕士、博士在内，喜欢吴老师的课，政府领导干部与银行等实务工作者也对吴老师讲课十分欣赏。例如，在2012年中央和国家机关司局级干部自主选学工作总结中，受到中组部表扬，吴老师的《现代信用》入选《中组部干部培训高校基地最受学员欢迎的特色课程名单》和《"中国干部网络学院"课程》。

中国人民大学实行教学督导制度，先后有多位督导员听过她的课，其中有一位杨先举督导员连续两个学期听了她的两门课，并且还带来多位督导员一起听课，后来大家公认她的课讲得好。杨老先生在对吴老师的教学进行长期跟踪与评估之后，总结了吴老师的教学经验，先后以《问侬讲课何许好，为有活水入课堂》和《问渠那得清如许，为有源头活水来》发表在《中国人民大学教学督导工作报告》和《中国人民大学本科教学质量季刊》上。杨老先生总结的吴老师的教学经验有5点：狠抓教学之本"传道"，力行教知之源"科研"，着力引"实践"活水进课堂，"寓教于乐"培育学生学习热情，"任不言教"做学生良师益友。这里摘录其中几段：

微博大V，时尚达人，热爱生活

吴老师喜欢上网，在网络上一直是个弄潮儿，兴啥玩儿啥，在某种程度上也说明她是一个紧跟时代、与时俱进的人。她是第一批拥有QQ号的人，后来又常挂在MSN上，再后来又是人人网的主页君，现在是新浪微博的财经大V。她在新浪开通的实名博客至今已有7年多，有多篇文章被推荐到财经热门博客和新浪首页，其中2013年底发表的《为什么国人不重视信用记录？》已有5 000多浏览量，2012年发表的《俺想跟党说几句心里话》已有24 000多浏览量，2011年发表的《同学聚会什么样？》已有36 000多浏览量。吴老师近两年开始玩儿微信，她教的班都建立微信群，她的硕博生也建立各种名称的小微信群，每天无论多忙多累她都会在这些大大小小的微信群里和她的学生们微来微去。

吴老师的新浪微博叫"巨吴霸"、新浪博客是实名的就叫"吴晶妹博客"、人人网网名也是"巨吴霸"，用这些在网上就能找到吴老师。

了解吴老师的人都能强烈地感觉到她爱生活、懂生活、会生活。吴老师爱喝茶。各种茶都爱喝，绿茶、红茶、黑茶……尤其爱喝普洱。吴老师泡茶很有讲究，无论多忙她都会静下心来慢慢泡，她追求泡茶与喝茶过程中的从容感和对生活的享受。吴老师爱大自然。天气好的时候，吴老师喜欢在工作之余去爬爬山、逛逛公园，见到美丽的花草树木她总是驻足观赏并拍照。春夏时节，有时的小长假和不太忙的周末，吴老师都挤出时间开车去郊区，一路上欣赏道路两旁的自然风光，享受远离都市、亲近自然的惬意。吴老师爱鲜花。爱鲜花束，也爱自己养花。她很会养花，她养的花都开花。她对花特别有耐心特别珍惜特别爱护，就像她对待生活的态度。

半百顽童

　　说起吴老师，我们有很多话。她就是一本书。这里引用中国人民大学教学督导杨先举先生的一段话："吴老师在写书，写一本内含阳光、春风、温馨、爱心、辛勤、汗水的书。这是一本厚重的书，它培育着甘甘的杏果，甜甜的桃李，布满天下。"

暗香浮动雅韵来

——中国人民大学财政金融学院副院长、教授涂永红的理想人生

涂永红

1987年7月中国人民大学国际金融学士学位

1990年7月中国人民大学财政学硕士学位

1996年7月中国人民大学货币银行学博士学位

2005年8月至2006年8月美国弗吉利亚大学访问学者

工作经历

1990年7月至1993年4月在北京市农业干部管理学院任教

1993年4月至今在中国人民大学财金学院任教，1999年晋升为副教授，2008年晋升为教授

学术和社会兼职

北京市国际金融学会理事

北京第二外国语学院国际金融研究中心研究员

中国人民大学财政金融政策研究中心研究员

科研方向：

国际收支及汇率理论

外汇风险管理

商业银行管理

结构性金融

近三年著作：

2014，《大国货币》（全三册），科学出版社

2014，《人民币国际化报告2014》，中国人民大学出版社

2013，《人民币国际化报告2013》，中国人民大学出版社

2012，《人民币国际化报告（2012）》，中国人民大学出版社

外面的世界很精彩

我的家乡是万里长江第一城的四川宜宾，清秀的岷江和浑黄的金沙江在合江门汇合后形成长江。宜宾古时号称戎州，扼云贵川交通要道，是兵家必争之地，诸葛亮的点兵台至今仍在。城中心有座像天安门的大观楼，牌匾上四个雄浑的大字"西南半壁"，让我儿时充满自豪和骄傲。我所上的大南街小学离金沙江不远，下午三点半一放学，我总喜欢和三两同学到江边玩，只要在父母6点下班之前赶回家就行。河沙是我们最好的玩具，可以堆出各种各样的城堡，河水冲走后重新再堆，乐此不疲。当时我最喜欢的事情是，黄昏时分站在江边，看着渡船披着红霞驶向长江下游的白沙湾，后面拖着两道白浪，慢慢消失在视野范围外。每当这个时候，我的心中都对外面的世界充满无尽的幻想，正是儿时埋下的要走出去见世面的强烈愿望，促使我高考后没有听从父母让我留在四川、去成都读书的意见，义无反顾地选择了首都北京，坐三天三夜的火车到中国人民大学，希望有一个更高的起点和更广的视野，今生能够走遍全世界。

通向外面世界的道路有很多条，我最喜欢的是"读万卷书，行万里路"。每一本书都是一个世界，读书就像是在一个智者的引导下，跟随其足迹，以其视角看世界。读的书越多，关于这个世界的印象就越多，越容易形成立体、全面、多彩的世界全景图，从而达到"智明而行无过也。"上小学时我非常喜欢读书，那时家里穷，没钱买书，我通常是从同学那里借书看。《安徒生童话》、《福尔

摩斯全集》、《一千零一夜》、《十万个为什么》、《唐诗三百首》等小说和诗歌给我留下了深刻的印象。1978年宜宾市首次设立重点中学，我很幸运小升初进入到两所重点中学之一的宜宾一中，与来自各个小学的优秀学生一起接受中学教育。数理化、历史、地理、政治、英语，知识的窗口次第打开，知识的力量让我们变得日渐强大。课余时间，我最喜欢的是到新华书店租书，租一天2分钱，《钢铁是怎样炼成的》、《静静的顿河》、《红楼梦》、《后汉书》、《隋唐演义》、《李自成》等古今中外的著作，都是在那时候拜读的。这些书对我认识世界、了解人性起到了巨大的潜移默化的作用。在我上中学的时候，父亲订阅了《参考消息》和《解放军报》，每天读报让我开阔了视野，对阿富汗战争、欧洲反核运动、美苏争霸、巴以冲突、科技革命，以及中国国防军事发展有了浓厚的兴趣。也许正是当初这些报纸传递的知识，对我的一生产生了巨大的影响，最终将研究国际金融和国际政治作为安身立命的职业。

实现当老师的梦想

在人生的每一个阶段我们都有不同的梦想，没有梦的人生想必特别无趣和无聊。少年时代是天性又无拘无束而且心智成长最快的年代，梦想分外多姿多彩。尽管那时的诸多梦想在成长路途中屡屡碰壁，被现实无情地击碎，但是那些美好的梦想碎片与痕迹，依旧会在我们的日常生活中偶尔泛起，带来一丝丝甜蜜的回味。由于我的父母文化程度不高，几乎管不了孩子们的学习，他们对学校寄

中国金融之花

予很高的期望，总是教育我们要"听老师的话"。老师的话好比圣旨，我们可以拿来对抗父母，争取一点点自己的权利。在我幼小的心灵中，老师是第一了不起的人物，所以我最初的梦想便是长大以后当一名受人尊敬的老师。在理想光辉的照耀下，1983年我以宜宾地区文科状元的好成绩进入到中国人民大学国际金融专业学习。

中国人民大学的前身是陕北公学，是一座有光荣革命传统的大学，校训是实事求是，以人文科学和经济管理见长，为新中国培养了一大批管理干部和人才。正是在这样一所大师云集、学术高深的大学，我脱胎换骨，完成了本科和研究生阶段的学习，不仅取得了经济学学士、硕士和博士学位，还从一个懵懂少年成长为一名金融学教师。丰富多彩的十年大学生涯，除了收获知识外，更多的是铸就了积极向上、乐观豁达的世界观和人生观，使我终身受用，获益匪浅。

陶湘教授与他的83级读研究生的弟子们（右二）

我的大学生活正好与中国改革开放之初的大动荡时期高度重叠。国门打开后，西方思潮强劲涌入，国际货币基金组织、美国福特基金会也选派老师到人大来传授西方经济学，中西方文化碰撞、冲突十分激烈。随着对世界经济认识的加深，了解到中国与西方发达国家之间的天壤之别，我们深刻意识到中国的落后，急切希望改变贫困落后、受人鄙视的面貌，让中国跨入世界强国之列。当时在学生中叫得最响亮的口号是"从我做起，从现在做起"，我们心中充满了"天下兴亡，匹夫有责"的豪情。不少学生都希望进入政府部门工作，我也改变了儿时想当老师的初衷，非常崇拜英国首相、铁娘子撒切尔夫人，希望毕业以后能够做一名有担当、有影响力的政治家。

然而，冥冥之中似乎有一只命运之手，1989年的中国经济大幅下滑，正常秩序受到严重冲击，改革遭遇重大挑战，导致我们1990届毕业生很难找到去政府部门工作的机会。无奈之下，还是到学校工作吧。于是阴差阳错，我当上了一名大学教师，一干就是24年！

强大的心灵来自挑战自我

在人生的漫长道路上，不可能总是一帆风顺，总会遇到各种各样的挑战和障碍。要抵达幸福的彼岸，必须消灭一个个拦路虎。一些人在面对不确定的未来时，前怕狼后怕虎，患得患失，不敢向理想目标勇敢迈进，丧失了宝贵的机会，因而与成功失之交臂。究其原因，在于畏惧，缺乏自信，心灵软弱。在成长过程中，如何才能战胜内心的恐惧呢？我认为最好的方法是有意识地壮大胆识、历练意志。我是南方人，到中国人民大学读书的头两年，非常不适应北京寒冷的冬天。感冒是家常便饭，头痛流涕，非常难受，吃药也不管用，学习生活受到不利影响。有位高年级同学建议我以毒攻毒，参加人大冬泳队，增强抗冻能力。我一听就摇头，大冬天穿着厚厚的棉袄还冷得哆嗦，怎么可能跳进冰冷的河水里游泳呢?在离人大校园5公里处的颐和园南门外有一座横跨昆运河的石桥，桥下有二十几个人一年四季都在河里游泳，那时游泳池少，在昆运河里游泳是夏天的一大乐趣。1985年的一个冬天，气温不到10度，我穿着防寒服骑车去颐和园玩，看到几个人在河里游泳，其中还有2个白发老人。我内心很是震撼，既然老人都能跳入冰冷的水中游泳，年轻人还怕什么呢? 于是我下定决心参加冬泳。第二天中午我冒着清冽的北风骑车到河边，换上泳装跳入冰冷刺骨的水中。起初的30秒我冻得浑身发僵，随后全身的血液被调动起来，皮肤变得通红，我在河里没待5分钟，双手划水30次，赶紧爬上岸来，脚趾头冻得几乎没有知觉，穿好衣服后使劲跳了大约十分钟才感受一点暖意。当时我非常激动，因为我成功地战胜了恐惧，完成了以前认为是不可能的行为。从那以后，几乎每天中午吃完饭我就骑车去游泳，把冬

泳作为培育坚强意志的必修课。我坚持冬泳五年，直到1990年研究生毕业。冬泳给我的回报不薄，不仅大大增强了我对严寒的抵抗能力，在校读书期间我几乎没有再患感冒，而且更令人惊喜的是，在昆运河边我找到了同样喜欢冬泳的如意郎君，并喜结良缘。直到今天，游泳依然是我最喜欢的体育运动，坚持游泳锻炼，良好的身体素质成为干好工作、保持心情愉快的物质保障。

保持一颗探索未知世界的好奇心

根据马斯洛的人类需求理论，在安全、生理等基本需求得到满足后，人类有得到社会的认可、实现自我价值的高级需求，这种需求与吃得好坏、穿得是否漂亮、住房大小、职务高低没有多大必然关系。每一个人都是独特的，都有自己的使命和非凡的价值。每个人都有自己的梦想，努力实现自己的梦想，就有幸福感、成就感和满足感。然而，人是有惰性的，容易安于现状，在逐梦的途中浑浑噩噩，不思进取。好奇心仿佛我们头顶的星星，在黑暗中照亮我们心灵天空，引导我们沿着正确的方向前进，实现人生价值。保有一颗单纯的好奇心，不让平凡和琐碎的日子磨灭好奇心，才能为我们探索未知世界、实现自我价值提供不竭的动力，从而让我们的精神生活富足愉悦，让世界变得五彩缤纷、星光璀璨。

宋代政治家、大文豪王安石在《游褒禅山记》中指出，"世之奇伟、瑰怪、非常之观，常在于险远，而人之所罕至焉，故非有志者不能至也。"没有好奇心的驱动，我们很难离开安乐窝去冒险，去探索，因而也就没有与众不同的成就。实际上，好奇心能够激发我们潜在的本能，唤醒强大的创造力和克服困难的意志。1986年7月，在一曲《黄土高坡》那高亢悲壮旋律的引导下，我产生了强烈的去陕北高原看一看的好奇心。那时家里没有资金支持我去旅游，我就瞒着父母，参加了中国人民大学陕北自行车访问团，与其他21名同学一道，在两位老师的带领下，从北京出发，骑车1 900多公里，历时40多天，参观河北保定，山西恒山悬空寺、五台山；深入太行山老区，拜谒众多烈士陵园和黄帝陵；在革命圣地延安住窑洞；参观大唐遗迹华清池，秦始皇兵马俑；登华山观日出。那时候我们车队有6名女生，平均每天要骑车120公里，常常要推着自行车翻山越岭，碰到女生身体不舒服的那几天，我们也得咬牙坚持，不要掉队。实践出真知，这样的一次探险令我终身受益，我明白了一个人们常说的道理，"困难像弹簧，你弱它就强"，只要你敢于直面挑战，没有什么克服不了的困难。看起来柔弱的女生不一定会输给男生，其实，女生有很大的潜力去迎接严峻的挑战。

雪域高原西藏是中国日光最充裕、最神秘的地方，神圣的布达拉宫一直是我向往的地方。由于找不到志同道合、愿意去看布达拉宫的同伴，1994年7月我只好一个人独自进藏。先坐飞机到青海的西宁，然后坐火车到格尔木，接着在坐汽车翻越唐古拉山，沿着青藏路去拉萨。那一次进藏真的挺危险，我从来没有想到夏天会下雪，鹅毛大的雪片让我联想到关汉卿的名剧《窦娥冤》，说窦娥被冤杀时苍天震怒，暑天六月居然降下了大雪。说不定关汉卿了解青藏高原的生活，剧本不完全是文学夸张。遇到大雪封路，到拉萨的路程原本只需一天的时间，结果花了两天的工夫。沿途我们穿越了令人震撼的藏北无人区，见到了长江源头的沱沱河，见识了藏族同胞精美锋利的藏刀，也曾出现因缺氧而短暂昏厥的现象。到了拉萨后，我如愿以偿，参观了布达拉宫、大昭寺，还去日喀则参观了班禅行宫。西藏真是一块远在天边的瑰宝，处处风光如画，藏族人民信奉宗教，五体投地的长跪拜，令人心灵震撼。在西藏这个神圣的地方，眼中的浮尘一扫而光，浮躁的心变得非常安静。这次西藏之

旅对我后来事业的发展也有出乎意料的回报。随后的两年中，在中国人民大学研究生院周新成院长的大力支持下，我充当联络人，推动人大与西藏自治区财政厅的合作，开启了智力援藏、培养高端财金人才的项目。我前后七次进藏，见识过空气特别稀薄的冬天美景，身体也没有受到什么损害。从西藏回来，我又悟出一个道理：心理的距离是世界上最远的距离，误会、歧视及偏见都源自故步自封和狭隘。不要做井底之蛙，世界各国、各民族之间的差距并不大，沟通与了解有益于我们立足于任何一个陌生的世界。

在追求事业中享受生活

如果工作仅仅是一日三餐的保障，或者是养家糊口的手段，工作就会成为令人厌倦的负担，对此普通人的通常反应是能应付就应付，八小时之外能不想就不想。众多的研究表明，仅仅为了挣钱而工作，干自己不喜欢干的活，一个人很难从工作中获得快乐。

相反，如果工作是你热爱的事业，工作给你带来的就不仅是生活保障，还有成就感和自我实现的快乐。只有当工作与事业相辅相成时，我们才有工作激情，才能高效、出色地做好工作，在工作中享受到生活的乐趣。然而，事业心并不是一开始就有的，也不是自我认知很清楚的，往往需要一个寻觅、确定、巩固的心理过程。

我大学毕业时并没有当老师的心理准备，当时是迫于无奈才当老师的。在前5年的时间里，我怀疑自己是否具备当教师的素质，也不认为教书育人是我的事业。特别是，那时教师收入很低，住房等福利待遇实在没有吸引力，国际金融教研室的同事们有的出国，有的下海找一份薪水高而且体面的工作。我也心浮气躁，蠢蠢欲动。1993年德国西门子公司招聘财务人员，工资比学校高大约十倍，我去面试了，企业表示满意。然而，思前想后，最终我还是放弃下海，选择了继续留在学校当老师。因为德高望重的财政学教授、我的硕士导师王传纶老师曾经语重心长地对我说，"当老师是最好的选择，没有那个职业能够像老师一样身心自由"。我天生不喜过多的约束，自由是我骨子里倚重的价值观，我相信再多的钱也买不来自由，有得必有失，鱼与熊掌不可兼得。为了满足自由的天性，我应该当老师。就在我站在人生的十字路口彷徨时，我国著名国际金融专家、陶湘教授给我提供了宝贵的在职攻读博士的机会，促使我深入研究国际金融领域的理论与现实问题，以便从必然国度走向自由国度，不再做看热闹的门外汉。当然，学生们对教师的尊重和对知识的渴求，也渐渐唤起了我的责任感，希望能够尽己所能，在导师陶湘老师的带领下，学习西方国家的金融制度和国际金融市场规律，学会因材施教，努力为中国对外开放培养一批能够驰骋国际金融市场的人才。正是在王传纶、陶湘等老一辈教师的言传身教下，我在教学和科研中找到了神圣使命。1996年我博士毕业时，基本上坚定了当一名大学老师的职业目标，明确了人生的定位，进而将国际金融教学与科研当做自己热爱的事业，研究、解决国际金融领域发生的问题成为生活中的一大乐趣，迸发出火热的激情，以至于在生活中常常出现"三句不离本行"的现象。

为了不辱使命，不让学生失望，我开始广泛阅读国际金融组织的期刊，加强英文学习，自觉跟踪国际金融的最新理论和实践。自从20世纪80年代经济全球化以来，国际金融市场、国际货币体系处于快速发展和结构调整中，拉美国家债务危机、欧洲货币危机、亚洲金融危机、俄罗斯金融危机、巴西金融危机、美国次贷危机、全球金融危机、欧债危机不断。与此同时，中国不断扩大对外开放，外汇体制改革、人民币汇率改革、利率市场化改革渐次推进，国际收支失衡调整、外汇储备管理、金融机构"走出去"、人民币国际化，一个接一个的热点令人目不暇接，需要投入大量的时间和精力才能跟上形势，与时俱进。实际上，从1990年工作开始，我基本上就没有在晚上12点以前睡觉，也很少看过连续剧，时间大多用来系统地总结、梳理相关理论，准备课件，著书立说，而且乐此不疲。

从教24年来，我讲授了国际金融、西方国际金融理论、外汇风险管理、商业银行业务与经营、金融交易、银行信贷资产证券化等6门课。1995年出版第一本专著《中国外汇管理实务》后，陆续出版了《国际收支分析》（1998）、《汇率波动的经济效应》（1999）、《银行信贷资产证券化》（2000）、《巨人之死：雷曼》（2009）、《浴火重生：高盛》（2009）、《大国货币：军事篇》（2014）、《大国货币：政治篇》（2014）、《大国货币：文化篇》（2014）等9部专著。还编写了教材《外汇风险管理》，以及连续十年参与编写《国际金融》、《商业银行业务与经营》、《金融理论与政策》等教材，在国内外报刊上发表数十篇论文，在国际金融研究中，努力耕耘，希望能够添砖加瓦，为教育与科研事业发展作出贡献，尽一份绵薄之力。

2009年，中国严重依赖外部经济的发展模式面临巨大挑战，人民币国际化成为中国利用国内外两个平台、两种资源进而确保经济安全的必由之路，为此，中国人民大学成立了国际货币研究所，在陈雨露校长的带领下，国际金融教学团队的老师们开始了一份新的事业，即从2012年开始每年出版一本《人民币国际化报告》，动态跟踪和研究人民币国际化进程中的新特点、新问题、新机遇，进行理论分析，提出决策咨询意见。这是一项特别费时费力的工作，因为需要大量的调研和研讨，是教学任务之外的额外工作，但是，为了让人民币能够顺利发展成为全球三大国际货币之一，让全体中国人民分享到人民币崛起带来的实实在在的利益，我们谁都没有抱怨，谁都没有要求额外报酬，因为在我们心中，有一份神圣的使命，我们的生活融入了为之奋斗的事业。

腊月上枝头，正月暗香来。来时不抢眼，雅韵天香惭。

向阳花开报春晖

——记中国工商银行金融研究
总监兼城市金融研究所所长
詹向阳

詹向阳

1954年10月11日，北京出生。

1960—1966年，山东泰安清真寺小学一年级，北京顺城街二小二年级，山东泰安灵芝街小学三、四年级，山东泰安实验小学五年级。

1967—1971年，山东泰山中学初中一、二、三年级，山东泰安二中高中一年级，山东济南23中高中二年级。

1972—1977年，山东省生产建设兵团一师一团二营一连，班长、排长、连长。

1977—1979年，山东生物制药厂，政工科宣传干事。

1979—1983年，中国社会科学院经济研究所资料室资料员，中国社会科学院数量与技术经济研究所一室资料员。

1983—1986年，中国社会科学院研究生院经济系硕士研究生、班长、研究生会委员。

1986—1990年，中国工商银行调查信息部处员、副处长。

1990—1991年，中国工商银行北京分行海淀支行副行长。

1991—1994年，中国工商银行体改办处长、副主任，中国工商银行规划信息部副主任。

1994—1996年，中国工商银行福州分行行长、党组书记。

1996—1999年，中国工商银行研究所所长；中国城市金融学会秘书长。

1999—2000年，中国工商银行杭州管理干部学院，院长、党委副书记。

2000—2014年，中国工商银行总行金融研究总监，城市金融研究所所长，博士后工作站办公室主任，中国城市金融学会秘书长，中国工商银行行史编辑委员会副主任、副主编，中国工商银行全面深化改革领导小组办公室主任。

一、女儿当自强

詹向阳出身于一个红色金融世家，父母均为在延安宝塔山下成长起来的新中国第一代红色金融家，然而，却有一段充满苦涩和残缺不全的童年和少女经历。但她有着与众不同的潜质和毅力。也正是她特有的这种潜质和坚忍不拔的毅力，为她后来成为金融家和具有胸怀祖国、放眼世界的胸怀奠定了基础。詹向阳从小就酷爱读书。从小学三年级起，时年9岁的她已经开始读《红旗飘飘》、《烈火金刚》、《野火春风斗古城》、《红岩》、《钢铁是怎样炼成的》、《牛虻》、《欧阳海之歌》、《卓娅与舒拉》、《苦菜花》、《三国演义》、《西游记》、《红楼梦》、《水浒传》、《东周列国志》等国内外名著。在17岁那年，詹向阳得到了她中学教师段老师赠送的两本《政治经济学（教科书）》（苏联，第三版），还从同学父亲的书库中得到了一本艾思奇的《辩证唯物主义和历史唯物主义》。自此，她成为政治经济学的酷爱者。

1972年7月，未满18岁的詹向阳参加了山东生产建设兵团，开始了6年的兵团生活。1978年，当詹向阳从兵团回来时，全国已经恢复高考了。终于等到了可以让梦想变成现实的契机，这令她心情万分激动。那时，她已经24岁了。初生牛犊不怕虎的她，毅然地报考了山东大学的政治经济学系。然而，却以10分之差的遗憾落了榜。由于她的考试成绩高于山东全省的平均录取线，山东师范学院和济南师范学院都给她发了录取通知书。但是倔强的詹向阳却认准了非政治经济学不读的念头，决然放弃了上大学的机会，下决心越过大学，直接报考经济学硕士研究生。她充满信心地对已调回北京平反昭雪、官复原职的父母说："3年后，我在中国社会科学院研究生院与你们会合！"然而，让她自己也始料不及的是，实现她这一诺言竟用去了整整5年的时间。

这是何等艰苦的5年！

从1978年起，詹向阳正式拜当时《经济研究》总编、中国社会科学院经济研究所副所长项启源先生为师，开始了艰苦的自修历程。为了有更多的学习机会，她放弃了调任组织人事干部的工作机会，而宁肯到社会科学院经济研究所当一名资料员。白天她在资料室做资料工作，下午五点半下班后，在食堂吃完饭，从六点开始直到深夜十二点，每天晚上6个小时用来自修。看完书后就在宽大的阅览桌上，用从家里带来的被褥一铺一盖睡到天亮。无论严冬酷暑，不分春夏秋冬，从周一到周日，天天如此，夜夜如此，月月如此，只有星期六回家洗澡换衣服。那时詹向阳已经25岁了，父母、亲朋为她介绍了许多男朋友。她对男方提出的核心条件就是理解她、支持她读书考学。正是在这段时间她遇到了后来成为她丈夫的人。在谈恋爱的时期，从认识到结婚近3年的时间，他们只有每周日的晚上见一面，从未一起逛过马路，看过电影。她将全部的业余时间都用来自学，进入了如醉如痴的状态，当时心中只有一个念头：考上经济学研究生，她要读书！

詹向阳是从自学马克思的经济理论原著开始的，从马克思的《政治经济学的批判·序言》和《跋》开始，到马克思的《资本论》1~3卷、《剩余价值理论》1~3卷。她用了3年时间，逐章逐句地自修下来，写了几十万字的读书笔记。

1982年，詹向阳首次报考了北京大学经济系《资本论》专业的硕士研究生，各门专业课和政治课的成绩都很好，只有英语没能达到及格线。于是她咬紧牙关苦读了近一年的英语，先试考了成人自学高考的英语科目，顺利拿到了单科毕业证书。1983年，詹向阳第二次报考了经济学硕士研究生，这次选择的是中国社会科学院研究生院经济系胡瑞樑老师广义政治经济学专业的硕士研究生。当时推荐并证明詹向阳有大学本科同等学力的是孙尚清老师和项启源老师。

由于没有大学本科文凭，在经历了全国统考后，中国社会科学院对他们这些同等学力者竟又加考了6门大学本科毕业课程。有不少人因承受不住反复考试的压力而自动放弃了。詹向阳在当时也几乎崩溃，但她默默地告诉自己，坚持到底就是胜利！为了这5年近2 000个日日夜夜，为了千百万知青的梦想，她一定要争这口气！终于，她在当时报考社科院经济系的130名考生中，以总分第二名的优异成绩被录取了！当这个少年时代的梦想终于实现时，她已届而立之年了。

詹向阳不是"女权主义者"，既不赞成"男尊女卑"，也不崇尚"女尊男卑"。她只是认为，男人和女人在人格上是平等的。人在生理上有性别之分，但在智慧和才干上却无性别之分，并非男人事事都强，而女人一定处处为弱。其实，女人的弱小是社会环境使然，而非天性。所以她不赞成甚至厌恶别人叫她"女强人"。她曾半戏谑地说过："所谓强人，在中国古语作强盗解！"她不赞成"女强人"这种称谓，是因为这种称谓本身已包含了性别歧视的味道。

詹向阳之所以愿意把自己的故事写出来，只是因为她想用自己的亲身经历告诉所有的女性朋友：我们有着不亚于任何人的毅力和潜能，只要我们能够自强不息，就一定能获得成功！

二、执着的献策者

1986年，詹向阳研究生毕业后到工商银行工作，被分配在总行体制改革办公室。从这时起，她开始在中国经济、金融界崭露头角，展现出非同常人的智慧和胆识。

20世纪80年代，改革的春风吹遍了祖国的大江南北、长城内外。在轰轰烈烈的改革大潮中，詹向阳从来都没有停止过思考，"银行要向何处去"这个问题一直萦绕在她的脑际。

20世纪80年代，专业银行企业化改革遇到了许多困难，其中主要是银行与国家分配关系的不确定和对国家承担经济责任的不确定。与国家分配关系的不确定，使专业银行缺乏活力。多创收入不能多得收益，影响了专业银行干部职工的积极性。对国家的经济责任不明确，造成专业银行企业化经营目标难以确定。在当时，还没有以一种适当的方式明确专业银行的经济责任，专业银行既要为国家经济建设和安定团结负责，也要为银行自身运营的安全和效益负责。这种多目标致使银行始终不能摆脱作为各级政府的会计、出纳的地位，无法走出质量效益软约束和统包企业资金供应的困境。

专业银行与国家关系的不确定，还影响中央银行宏观管理职能有效发挥作用，使央行对各专业银行的贷款规模乃至社会贷款总规模很难控制，往往处于不得不包专业银行资金的被动状态。

1987年盛夏，在北京的一次金融体制改革研讨会上，詹向阳，这个到中国工商银行工作刚刚一年多，才30岁出头的女青年，大胆地发表演讲，并且语出惊人地抛出了她的"专业银行向国家实行系统承包"的改革理论与操作实施方案。她认为，这是目前银行业企业化改革的一条最优、最现实的路，既有利于宏观控制，又有利于微观搞活。这个方案并不是心血来潮的产物。两个多月的调查研究、咨询走访，詹向阳的足迹踏遍了已实行"全行业包干"的八个行业。一万两千多字的论文，记载着她严密细致的思考和论证。

詹向阳提出的承包方案仅以中国工商银行为例，勾勒出专业银行系统承包的大致轮廓和主要原则。工商银行实行"上缴税利递增包干、工商信贷资金规模包干"的全系统整体承包经营责任制，一包五年不变。

工商银行对国家实行"四包"，确定与国家的分配关系和对国家的经济责任：一包上缴税利递增比率。超递增率多收的利润，工商银行与国家财政实行二八分成，即20%上缴中央财政，80%留给工商银行。二包补充信贷基金和提留发展基金比例。上缴财政后所余利润归工商银行自行支配。每年留成利润的60%用于补充信贷基金，20%用于发展基金，剩下20%用于奖励基金和福利基金。三包国家工商信贷计划。既包各项存款规模，也包各项贷款规模。四包国家政策性贷款任务。按照国家五年计划和产业与金融政策，根据国家财政和工商银行承受能力，确定优惠低息贷款的种类和发放数

向阳花开报春晖

199

量及国家重点项目贷款和大包干行业贷款的数量。

国家应给予工商银行的相应政策包括：核补专业银行的自有资金；中央银行确保承包合同规模内再贷款额度的供给，额度内专业银行可以多存多贷；实行超利润上缴与工资或奖金总额挂钩。

工商银行内部逐级实行承包。系统承包后，内部要实行地（市）行向省行、省行向总行的逐级承包。将承包指标逐级分解到各级行乃至分理处、储蓄所和职工个人，把责权利紧密结合起来并落实到每一级。与职工个人利益挂钩，确定与经营成果和承包责任相结合的工资、奖金分配原则。

银行实行承包，这在中国金融史上是破天荒的大事，是人们闻所未闻、见所未见的事情。谁也没有想到这个大胆的设想竟然出自一个刚刚毕业的研究生之口。她那缜密的论证，让与会人员异常震惊。会后的第三天，《金融时报》以一版刊登摘要、三版刊登文章的方式，宣传了她的主张。有的专业银行就此发动了全行的大讨论。中央国家机关团委出了专期"青年内参"介绍她的方案，《中国青年报》1988年8月6日以《詹向阳——执着的献策者》为题刊登了她的事迹。

当然，在那天的会上也出现了许多反对的意见。她的发言刚刚结束，便有一个接一个持不同意见者站了起来，言辞激烈地驳斥她的观点："承包不能到处乱套用"，"银行不能等同于工商企业"，"这不过是挖财政"，"说到底是为了多留几个钱"……

改革年代，这种理论探讨中的冷热相间、观点相悖的情形，也许是一种正常的现象。令詹向阳苦恼的是，"决策圈"内对她的观点也有两种看法，不赞成者甚至多于赞成者。她预感到，自己的改革设想也许会像大多数理论文章一样，以"发表了，拿到几个稿费"而告终。

中国金融之花

经过激烈的思想斗争和冷静思考，詹向阳开始了庞大的"游说工程"——到国家体改委、国务院发展研究中心、中国人民银行等决策部门去宣传自己的理论，目标直指"决策圈"和里面的"决策人"。用她自己的话说，这期间简直有些"上蹿下跳"了。詹向阳的逻辑思维能力和口才都不错，她就凭着这些"资本"和自己理论的说服力，去动员那些意见相左的决策者。

一次，国务院发展研究中心研究员、资深老专家杨培新接待了詹向阳的来访。杨培新最早提出了国有企业实行承包经营的观点，在学术界人称"杨承包"，但他此时对银行承包还有异议。老专家眯着眼听完了这个年轻人长达一个多小时的陈述，开始沉思起来。过了几天，他打电话到詹向阳的办公室，要约见她。詹向阳赶来了，一落座，老专家就连连说："你的见解很有道理，对我的观点有很大修正。"接着，一老一少探讨起了"银行承包"如何实施的问题。

1988年初，中央领导同志指出："银行要搞系统承包。"一个"小人物"的改革建议，终于得到了党中央领导人的重视和肯定。

春节刚过，中央财经领导小组开会，正式肯定"专业银行实行系统承包"。5月上旬，国务院决定中国农业银行先行一步，待总结经验后再在各专业银行普遍推行。1988年6月16日，《人民日报》在第一版显著位置报道了这一消息。6月20日是农业银行承包签约的日子，全国人大常委会副委员长陈慕华在签约仪式上说，专业银行系统承包，向银行企业化改革方向迈进了一大步。

中国经济体制改革的历史上，似乎可以这样写：全国性专业银行的系统承包，这一重大改革方案的提出和设计，与当时一个不出名的"小人物"——詹向阳的名字连在一起。这次的成功让人们认识了年轻的詹向阳，她初露锋芒，赢得了领导的认可和同行们的赞誉。

三、敢于说"不"

如果有人问你，你敢跟一个掌管13亿人口的大国的总理说"不"吗？绝大多数人肯定会摇头。当然，平常人也很难有这样的机会。詹向阳不仅有跟总理面对面的机会，她还敢于对总理说："总理，您这个办法根本就不行！"

这件事发生在1993年，当时朱镕基是国务院主管经济的副总理。他上任的第一件大事就是主持酝酿起草《全民所有制工业企业转换经营机制条例》，由此拉开了中国国有企业改革的大幕。

《转换经营机制条例》是为了搞活全民所有制工业企业而制定的，因此它主要是对国有企业采取放权的办法，大约是对企业放了七八种权，其中有一种是企业资产的自主处置权，也就是说企业有权利自主处置自己的资产。这话听起来好像没什么问题，但是，由于中国企业的资产，特别是国有企业的资产绝大部分是由银行贷款转化而来的，说到底是银行的资产，不是企业自有资金形成的，所以企业不能任意处置由银行贷款投资而形成的资产。詹向阳反对"先破产、后兼并"正是缘于此。如果任由企业处置资产，银行贷款债权的安全甚至银行的安全就会失去保障。当时，詹向阳专门为这个《转换经营机制条例》给时任中国工商银行行长张肖写了长达几万字的意见，然后她随同张肖行长一起把意见带到了《转换经营机制条例》的协调会上。由朱镕基副总理亲自主持召开的30多场国

中国金融之花

务院协调会中，和工商银行密切相关的三场詹向阳都参加了。

张肖行长参加了第一场协调会，第二场因故没有去，但嘱咐詹向阳一定要找机会把工商银行的意见提出来。在第二场协调会上，朱镕基说："企业要想转制，要想兼并，没人敢这么做。都是万人大厂、千人大厂，这人的包袱怎么背？第二大难题就是债的问题，企业欠银行的贷款太多了，哪一家企业愿意收购，愿意兼并背有一大摊债务的企业呢，谁也背不起。"朱镕基又说："我想来想去，几天都睡不着觉，我终于想到了一个办法，就是先破产、后兼并。破产了么，债就可以不用还了，这样兼并企业就可以把被兼并企业干干净净地接收，把设备和一部分人员接过来就行了。"

当时每一场协调会国务院所有部门的领导都参加。会议在中南海的会议室举行，里圈是一个很大的椭圆形桌子，部长们全部都坐在桌边。朱镕基环顾左右，部长们纷纷都说这个主意很好。詹向阳他们这些陪同人员坐在后面，每个人身前都有一个话筒，也就是允许每个参会人发言。詹向阳看在场没有任何人提反对意见，心里急坏了。眼看方案就要拍板了，她马上就把面前的麦克风摁开了，斩钉截铁地说："总理，您这个办法根本就不行！"朱镕基当时愣了一下，说："那好，张肖没来你说，你说为什么不行。"

詹向阳平复了一下紧张的情绪，开始阐述自己的理由。连她自己都没意识到，她居然一口气说了45分钟，是其他参会人员事后告诉她的。詹向阳主要的意思是，企业的资产，包括其破产的资产并不完全是企业自己的，其中很大一部分都是由银行的贷款转换来的。她说："总理，您作为国家的领导人愿意豁免贷款，我们也无话可说。但是有一条，我们的贷款是哪里来的呢，是老百姓的存款。试问，能不能因为国家豁免了企业欠银行的贷款，银行就对来取款的存款人说：对不起，因为国家豁免了我的贷款，所以你的存款我不还了。我国有上亿的存款人，这样做会不会引起整个社会的动乱？"接下来，她就讲银行的本金是必须要还的，是价值规律的根本要求。国家豁免贷款本身就不符合经济规律，只有财政资金才是可以豁免的，贷款是不能豁免的。如果国家大面积豁免银行贷款，国有银行就可能由此而破产。在她发言的过程中，朱镕基一言不发，始终坐在那里非常认真地在听，这是非常少见的。詹向阳讲完之后，与会人员进行了讨论。

一上午就这样在紧张中过去了。直到会议结束的时候，朱镕基也没说话，这让詹向阳的心里很是忐忑。之后，下午接着开会，讨论了其他问题。会议最后结束的时候，朱镕基做了一天的小结，他说了这么一段话："关于先破产、后兼并的问题，我承认上午工商银行的那个同志，"他又把名单拽到眼前看了一下，"詹向阳，你说的是有道理的。但是，我们是一定要想办法把国有企业搞活的，国有企业搞不好，整个国家都搞不好。你们总是跟我说这也不行，那也不行，总得给我一条可行的出路吧。那这么办吧，詹向阳你就负责了，张肖今天没有来，你带话给张肖，让她开党组会，工商银行党组要拿个意见给我，我在这儿等你们的意见。如果你们认为贷款不能豁免的话，那么你们告诉我怎么才能减轻企业的债务负担，怎么才能减轻兼并企业的负担，你们得给我一条出路。"

第二天詹向阳到张肖行长那儿去汇报，把朱镕基的话告诉了张肖行长，然后张肖马上主持召开了工商银行党组会议。经过讨论，工行拿出了一个保本免息办法，也就是说贷款的本金一分也不豁免，但是对于被兼并企业，工商银行和财政同步，财政免税工商银行免息，财政免税三年工商银行免息三年，凡财政减税的工商银行就跟着减息。这也是詹向阳出的一个主意。之后形成了一个意见，交给了国家体改委。最后终于写进了《全民所有制工业企业转换经

中国金融之花

营机制条例》里头，顶住了一场可能发生的大规模的废债风。如果"先破产、后兼并"的办法得以实行，可能要出现大面积的大型银行破产问题。詹向阳和朱总理的交锋，在一定程度上避免了国有银行破产的危险。

四、首倡"债转股"

作为工行总行体制改革办公室的一员，詹向阳从没有停止过对银行业改革的思考。在解决中国不良债权、债务问题上，詹向阳经过深入调查研究，借鉴国外成功经验，在国内首次提出"债权转股权"理论。

1994年，詹向阳执笔起草了中国工商银行总行三个大的经营管理办法。一个是关于资金统一调度的，即《中国工商银行资金管理暂行办法》，实际上就是在工商银行实行资金总行统一调度，统保支付（这个就是1994年国务院关于金融改革决定中所写到的国有银行总行要统保支付、统调资金的草本）。二是《中国工商银行资产风险管理办法》，这是工商银行建行以来第一个资产风险管理办法。三是《中国工商银行资本金管理（试行）办法》。

正在这个时候，美国发生了储蓄信贷协会破产事件。储蓄信贷是后来次贷危机中按揭贷款的前身，也就是以储蓄作为个人贷款的依据，建立了储蓄贷款系统，来扩大银行的经营范围，对个人发放贷款，结果由于没有把握住风险，导致了储贷会的破产。这是一个在全球范围内具有警示作用而又引人深思的案例。还有一个案例是20世纪80年代末90年代初南美的债务危机，巴西、阿根廷、墨西哥等南美国家都由于资不抵债而破产了。当时对南美放款的银行主要是美国的大银行，受此牵连，很多大银行要倒台。怎么办呢？美国政府和南美这些国家的政府经过协商，采取了债权转股权的办法，就是把企业欠银行的债务，银行所握有的债权全部转成银行对这些企业的股权。美国的储蓄信贷协会的问题也是这么解决的。

詹向阳后来出版的《论中国不良债权债务的化解》，也就是她的博士学位论文，详细地讲述了发生在国外的这些例子。詹向阳最初接触到这些案例和资料的时候，就在考虑债权转股权可能是我国解决企业不良债务和银行不良债权的一个很好的办法。于是，她第一个在国内提出来借鉴国际银行业的做法，通过债权转股权来解决中国的不良债权债务问题。

1994年7月19日，《金融时报》在理论版刊发了一篇题为《试论银行企业不良债权债务的转移》的文章。在这篇文章中，时任工商银行体制改革办公室副主任的詹向阳，根据自己长期的理论思考和银行改革实践，提出应当从宏观层面解决银企不良债权债务这一微观问题，并首创了"中国国有企业债务与银行不良债权通过债权转股权统筹解决"的观点。这篇文章被许多报刊转载，还被国家体改委编写的一本关于银行转制的书收录。

1999年，国家终于做出了债权转股权的决策。在此前的东南亚金融危机中，消化银行不良资产的方法也是债权转股权。受此启发，我国采取了债权转股权和剥离银行的不良贷款同时进行的做法。国家对大型国有企业全部采取了债权转股权。有些贷款质量非常好，还本付息没有任何问题，但是为了解救国有企业，加强国有企业力量，增强其生机和活力，借这个机会把贷款全部转为股权。这一政策的实施和方案的最终落实，对于我国市场经济体制实现最终并轨、银企化解债权债务历史包袱、建立现代企业制度都起到了关键性的作用。

五、福州实践

1994年11月，詹向阳被中国工商银行总行派往福州分行任党组书记兼行长。在福州分行任职期间，她将全部热情和精力都投入到工作之中，率先提出并实践了"努力扩大有效投入，大力收缩无效投入"的集约化经营战略，"面对市场以客户为中心"的经营原则，以及"利用多种方式多渠道化解和处置不良资产"的战略。通过狠抓资产质量和经营效益，规范经营和严格管理，取得两年资产、利润翻番的好成绩，被福州市评为"三八红旗手"。

1.召开银行资产保全会议，成立银行资产保全委员会

20世纪90年代，我国曾经出现过较长时间的企业逃债废债风潮。从1994年起，全国人大财经委开始起草新的企业破产法草案，但由于社会保障制度、国企改革等方面不配套，始终没有进入立法程序。在此背景下，不少企业利用破产法中的漏洞，通过申请破产来躲避还债，而被赖掉的债务基本都是银行的贷款。

为总结、交流和研究经济体制并轨时期银行依法保全信贷资产的方式、途径和经验，进一步推动全社会对此的认识和理解，避免经济市场化进程中国有银行资产的流失，提高信贷资产的质量与安全，维护社会存款人的权益，詹向阳在福州组织并主持召开了全国第一个银行债权保护会议，建言国家保护银行债权。

1995年8月22—25日，工商银行福州分行与金融时报社在福州市平潭县联合召开了全国第一个"银行信贷资产保全座谈会"。会议旨在交流工商银行系统依法保全信贷资产，多方式多手段转化信贷存量风险的经验，研究信贷资产保全和商业银行法贯彻过程中遇到的问题及解决办法等。中国工商银行总行和长春、四川、重庆、深圳等分行的代表，福建省分行副行长康桂章、总经济师董秋英，省高级人民法院副院长包志荣、福州市政府副市长龚雄和市人大财经委的领导应邀到会，出席会议的正式代表逾百人。

这次会议总结归纳了全国具有普遍意义和有推广价值的七种信贷资产保全方式，明确了银行资产保全工作的基本原则，在社会和福州地区，以及金融界和理论界引起了较大反响。《金融时报》、《福建日报》、《福州晚报》和福建电视台等新闻媒体均对此次会议进行了专题报道。《金融时报》分别于9月8日、11日和18日连续三次在4个版面上专文登载了这次会议的消息，并发表了长篇专稿、分析述评和理论文章，同时还报道了工商银行福州分行综合运用经济、法律、行政等多种手段保全信贷资产的经验做法，对银行业的资产保全工作起到了很大的推动作用。

为了更好地保全银行信贷资产、保护存款人的利益，1995年上半年，福州分行在已成立集体审贷委员会的基础上，又率先成立了资产保全委员会，其任务是强化存量资产风险的转化和贷后稽核环节，负责处理企业转制中涉及该行债权落实和债权转移等事宜，并负责"两呆"认定和呆账冲销的审核上报工作，以及存量风险转化的相关事项。詹向阳同时要求所辖各行的"一把手"要亲自抓优化信贷资产工作，切实负起责任，务必抓出成效来。

1995年9月8日，《金融时报》以《保全银行信贷资产应引起各方重视》为题进行了专题报道："据了解，福州国有企业基础薄弱，亏损面较大，市政府因此加快了国有企业产权重组、嫁接外资的进程。个别主管部门和一些企业急于'轻装上阵'，出现了逃债、废债、悬空银行债权等现象。在这种情况下，工商银行福州分行没有消极等待，而是在积极配合企业转制的同时，下大气力摸清风险贷款底数，逐笔逐户进行核实，在此基础上，综合运用经济、法律、行政等多种手段，组织转化清收风险贷款。仅1994年至1995年上半年一年多时间内，福州分行就起诉各类贷款纠纷55件，胜诉率100%，已执行收回6 000多万元贷款。"

2. 福州铅笔厂"合资改造"事件

1995年，詹向阳到福州分行刚上任不久，就遇到了福州铅笔厂合资改造的事情。当时，福建省最突出的一个特点就是引入外资速度最快、数量最多，而且为了引进外资，政府不惜血本，不讲任何条件。1995年，福州市政府出面，引进香港商人来收购福州铅笔厂。

福州铅笔厂是福州市一家老牌重点企业，长期以来与工商银行保持着良好的信贷关系。该厂为了减轻债务负担，增强市场竞争能力，决定进行合资改造，拟与香港万达集团有限公司成立中外合资的福州铅笔文具有限公司，将全部固定资产作价投资转移给新成立的合资体，而让已经成为空壳的福州铅笔厂承担工商银行2 026万元贷款债务，使银行的贷款面临悬空的危险。

其实，当时福州铅笔厂的生意是很好的，来自国内、国外的订单都有。政府急于引资，在和香港商人谈判的时候，把欠工商银行的这笔债务搁置起来，不谈债务问题，光谈对方怎么买资产的问题，瞒着银行来谈这笔交易，实际上就是想废掉工商银行的这笔债务。

工商银行福州分行的信贷人员在得知合资改造的信息后，数次深入企业耐心劝导，陈明利害，阐明支持企业改革和要求保障贷款安全的立场，并多次向企业的主管部门反映情况，要求其支持落实银行债权。但由于多方面的原因，银行的要求未得到应有的重视，该厂在银行债权债务不落实的情况下，继续并加快了合资进程。其中还有一个小插曲：福州分行第二营业部的信贷员听说了合资双方开会谈判的事以后，化装潜入谈判会场，结果被一位副市长认出来，最后被赶了出去。随后，第二营业部主任俞立带着信贷人员到福州分行，将这件事向行长詹向阳作了紧急报告。

在此情况下，詹向阳本着陈情晓理的立场，根据中国人民银行、国家经济贸易委员会、国家国有资产管理局《关于防止银行信贷资产损失的通知》，向福州市轻工业局、财政局、经委、外经委、工商局等有关部门发出《关于福州铅笔厂合资前应落实银行债务的函》，再次表明立场并提出新成立的合资体将固定资产抵押给工商银行作为旧厂偿债保证的解决方案。然而，福州分行这些合理合法的要求，仍未能得到回应和答复。詹向阳马上采取了果断措施，她根据《关于防止银行信贷资产损失的通知》中"企业的兼并、重组、出售必须要经过债权人（贷款银行）的同意，否则并购、重组、出售的协议不能成立"的规定，向福建省高级人民法院对这2 000多万元的贷款提起了诉讼保全，要求冻结这一起交易。省高院及时受理了工商银行的起诉，并依法冻结了该厂的厂房和机器设备，要求工商局停发新合资体的营业执照，阻止了企业逃债企图的实现。在当时法院受当地政府左右的背景下，省高院能采取这样的动作也是很不容易的。

交易冻结后，港方被迫找福州分行谈判。工商银行提出来两个解决办法：第一个办法，港方收购福州铅笔厂的同时，要承接福州铅笔厂欠工商银行的贷款，重新签订新的贷款合同，港方接替原福州铅笔厂成为新的债务人。第二个办法，在购买合同生效前，也就是新合资体的营业执照生效前，港方将福州铅笔厂欠工商银行的全部贷款本息一次性还清。最后，在市政府的协调下，香港商人最终采用了第二个办法，同意由其偿还铅笔厂原欠工商银行的全部债务。截至1995年6月末，该厂将工商银行的贷款本息2 026万元全部还清，工商银行撤回起诉。新的合资体顺利宣告成立，一桩可能形成的废债行为被成功地遏制住了。至此，她们成功保全了2 000多万元的贷款本息。

福州铅笔厂事件在全省引起了很大的轰动，各大媒体进行了大篇幅报道。当时社会一致指责政府贱卖国有资产，一些电视台、电台、报纸、杂志的记者扛着摄像机、拿着采访机都涌到工商银行里来，要求采访。为了维护政府的形象，也为了搞好工商银行和当地政府之间的关系，詹向阳要求福州分行及其分支机构的所有工作人员不得接受任何媒体采访。这件事情对政府的震动也很大。那位之前把工商银行信贷员赶出谈判会场的副市长亲口对詹向阳说：这件事对她的教育很大，由此她才知道，原来债务是可以连同资产一起出售给外商的。此次事件给当地政府上了一堂保护银行债权和国有资产的课，欠债还钱、诚信经营这一古今不变的市场经济原则得以维持，正常的经济运行秩序得到了保障。

3．"守土有责，寸土不让"

1995年7月25日，福建省高级人民法院裁定福建省电子计算机公司（副厅级单位，由福建省电子工业厅主管，民间称为"福建省百灵电子管厂"）破产还债。同年8月至1996年12月，由省高院、企业主管部门和债权人组成18人的清算组，对该公司进行破产清算。当时该公司欠各家银行债务达几个亿，其中包括工商银行福州分行2 000多万元抵押贷款。政府宣布,这家企业破产后,将通过公开拍卖转让企业的土地来还债,同时把所有银行对该企业的贷款全部废除。福州分行这2 000多万元贷款的抵押物是3栋厂房。当时国家对国有企业地产和房产的产权是很不明晰的,没有地产证和房产证,办理贷款时也没有明确连同土地一起抵押,所以土地不是抵押物。地方政府认为土地是国家的,决定推平厂房拍卖土地。

按国家的有关规定,抵押贷款有优先受偿权,但是地方政府无视工商银行的合法权利。为了顺利拍卖出这块土地,政府在《福建日报》上刊登的土地转让拍卖公告中,把推平厂房作为土地出让的条件(三通一平)。这样就使工商银行福州分行2 000多万元抵押贷款面临抵押标的物的实际灭失,贷款面临被废掉的危险。当时工商银行福州分行第一营业部主任孙长健和信贷科长陈义旺看到拍卖转让公告后,赶紧拿着《福建日报》去找詹向阳行长汇报此事,因为他们知道詹行长对这个事抓得很紧,她一到福州行就成立了资产保全委员会,明确提出"守土有责,寸土不让"。

针对这种情况,詹向阳断然采取了两项措施:第一,坚决抵制政府推平厂房的行动,采取一切可能措施,全力以赴、不遗余力地保护抵押标的物和银行的抵押权。决定派出员工24小时轮流盯在工地上,寸土不让。工商银行员工阻止拆除厂房的行为,也促使政府和破产企业加快了优先归还福州分行贷款的进程。第二,詹向阳亲自起草了一封公开信。信中根据我国的法律,重申了工商银行对贷款抵押标的物(3栋厂房)的权利,特别指出贷款抵押优先受偿权是受国家法律保护的,政府推平厂房会造成抵押标的物灭失,是严重的侵权和违法行为,要求政府必须首先归还工商银行的抵押贷款。詹向阳在公开信里还严正地指出,如果政府一定要推平厂房,造成了工商银行贷款抵押标的物实际灭失的话,她将向法院起诉福建省政府。这封公开信立即被送到省政府、省人行、省高院、省经贸委、省财委等机构。

第一个作出反应的是人行福建省分行行长、刚从浙江调来的胡平西。他看到詹向阳的公开信后，立刻回了一封公开信，对工商银行维护债权的合法行为表示坚决支持，再一次重申了银行债权保全的重要性，要求政府收回推平厂房的决定，在土地拍卖之前归还工商银行的抵押贷款。他的这封公开信除了发到詹向阳之前发过的政府机关，还发给了全省银行系统。第二个做出反应的是专门负责这件事的副省长。这位副省长意识到问题的严重性，马上派人去找工商银行谈判。他对詹向阳说："不要诉诸法律，你们有什么要求提出来，我们研究一下解决办法。"最后，政府和企业同意归还工商银行福州分行的贷款。在这起事件中，福州分行收回贷款2 195万元，是所有债权人平均受偿率的6倍多，也是计算机公司40多家债权人中受偿率最高、受偿金额最大的债权人。

如前所述，由于詹向阳带领她的同事们怀着强烈的责任感和使命感，就维护银行债权问题，对企业及其主管部门和当地政府以政策为依据，以法律为准绳，通过动之以情、晓之以理的耐心劝导，长期的艰苦努力，并付诸行动坚决阻止，有效地维护了银行债权，保护了国家财产。他们的义举和行动，在社会上引起了很大的震动，赢得了广泛的美誉。同时，企业及其主管部门和当地政府由此增强了政策、责任和法律意识，规范了经营管理行为。

当詹向阳离开福州多年以后，人们心里仍然想念她，挂记这个不顾个人得失、曾经为福州经济金融发展作出贡献的人，经常说起她超前的思维，先进的理念，立足福州、面向全国、着眼全球的战略思想，敢为天下先的首创精神，对推动当地经济金融发展、更新思想观念、改变完善经营管理方式等起到了重要作用。

六、为工商银行修传，绘工商银行蓝图

在担任总行城市金融研究所所长的近20年间，詹向阳作为工商银行学术研究的带头人，带领全行取得了金融理论与实践研究的丰硕成果，其中之一就是主持编著了第一部《中国工商银行史》。

2004年，在中国工商银行刚刚走过第一个20年之际，面对急剧变化的国内外经营环境和自身改革发展的艰巨使命，工商银行亟须以史为鉴，重新描绘未来的发展图景。受行领导重托，詹向阳在原有任务已经很繁重的情况下，毅然承担起了主持编修《中国工商银行史》的重任。历时多年，她主持编著完成了5部工商银行发展史，与同伴们一起为工商银行"立传"。

工商银行建行的历史虽然不算长，却由于各种内外因素的作用，表现出一定的曲折和复杂性。作为行史编修工作的主持者，詹向阳对工商银行的发展历程进行了认真的研究和分析，确立了四大

1992年10月，中国金融改革开放成果展览会

编写原则：一是坚持历史的真实性和全面性，把工商银行发展史放到国家发展的大背景中考察，充分考虑历史在当时当地的合理性；二是坚持正面为主，以主流和有积极意义的事件为主要记述对象和记述重点，避免对非主流和枝节问题的纠缠；三是坚持整体为主，主要记述工商银行整体的发展变化历史，恰当处理全局和局部的关系；四是坚持记事不记人，主要记述对工商银行历史发展变化有重要影响的具体事件，除劳模等先进人物外，一般不涉及个人。

长年累月的超负荷工作，使年逾五旬的詹向阳多次病倒，腰椎间盘突出严重时甚至无法行走与坐立。即便如此，生性坚强的她在坚强的事业心与责任心的支撑下，仍然一丝不苟地坚持工作，从未因自己的身体状况耽误过工作进度。2013年7月，正值行史征求意见座谈会召开之后，工商银行股改史的编修进入关键时段，詹向阳在一次出差途中扭伤了脚骨，非常严重，在一段时间内只能坐在轮椅上，不得不在家中休养一些时间。实际上，准确地说，是在家里"办公"。就是在这种行动困难的条件下，她坐在轮椅之上，克服行动的种种不便，认真、仔细、全面地审读了长达40余万字的股改史修改稿，从而保证了股改史的最后定稿并顺利送交出版。

正是在詹向阳的精心指导和亲身践行、示范之下，编修团队终于圆满完成了《中国工商银行史》这部鸿篇巨著的编写工作。工商银行史前三个分册，即《中国工商银行史（1984—1993年）》、《中国工商银行史（1994—2004年）》、《中国工商银行史（附录第一卷）》于2008年12月由中国金融出版社公开出版发行。行史第四分册《工商信贷和储蓄业务史（1949—1983年）——中国工商银行史附录第二卷》于2012年中国金融出版社公开出版，行史第五分册《中国工商银行股份制改革史（2003—2006年）》于2013年12月由中国金融出版社正式出版。此外，行史前两个分册的英文版，《ICBC History（1984—1993）》、《ICBC History（1994—2004）》，也于2012年6月由中国金融出版社正式出版。

为了工商银行的生存和发展，助推工商银行艰难转制转型，詹向阳亲手设计、制定了工商银行的第一个十年发展战略纲要和三个三年规划并监督实施。

如果说主持行史编修是在书写工商银行的光辉历史，那么詹向阳带领城市金融研究所牵头制定的《中国工商银行2005—2014年发展战略纲要》和《中国工商银行2006—2008年发展战略规划》、《中国工商银行2009—2011年发展战略规划》、《中国工商银行2012—2014年发展战略规划》则是在精心绘制工商银行未来的发展蓝图。

2003年末，在国家政策的大力支持下，国有商业银行开始踏上以财务重组、引资上市、公司治理为主要内容的改制之路。2004年，工行总行党委决定由詹向阳牵头制定未来十年发展战略纲要，此后又提出了制定未来三年发展规划，以三年规划滚动实现十年发展战略纲要的要求。

2005年夏，在中国工商银行正式改制为股份有限公司前，凝结了全行智慧的《中国工商银行2005—2014年发展战略纲要》胜利编制完成。同年底，《中国工商银行2006—2008年发展战略规划》形成了初稿，并于2006年2—4月将征求意见稿发送给行领导和董事、监事。经过了反复的修改和完善，2006年6月19日，"三年规划"获得总行党委会审议通过；6月27日，经董事会战略与提名委员会审议通过；6月29日，获董事会第十次会议正式批准。董事们对此项规划一致给予了充分肯定和较高评价，特别指出，詹向阳带领的工作团队在制定"纲要"、"规划"过程中表现出的良好素养、认真态度与顽强作风值得褒扬。

但詹向阳不满足于已有成绩，她认真总结、潜心研究第一个"纲要"和"规划"编制中存在的不足与缺憾，明确了下一步需要进一步强调与细化的战略举措。较之第一个十年发展战略纲要和三年规划，2009—2011年、2012—2014年三年战略规划的前期准备和研究积累更为充分。詹向阳带领研究团队对今后一个时期极为复杂多变的国际国内经营环境和同业市场变化进行了深入分析和预测，形成近百份系列专题报告，为规划编制提供了重要的分析基础和合理的预测依据。此外，新规划采取总行与分行及重点样本行共同编制的方式，并根据经济形势变动进行了及时调整。至今，业已出台的一个十年发展战略纲要和三个"三年规划"均得到很好地贯彻落实，为工商银行股改上市以来的跨越式发展提供了有效指引，推动了工商银行转制转型和可持续发展。

目前，詹向阳带领她的团队，正以饱满的激情，十足的干劲，全身心地投入到编制《中国工商银行2015—2024年发展战略纲要》和《中国工商银行2015—2017年发展战略规划》的工作中，全心全意地描绘工商银行未来的伟大发展蓝图。

金融改革路漫漫，艰难探索永向前。站在新的历史起点，詹向阳正在金融改革与发展的征途上，续写并创造着人生的壮丽与事业的辉煌！

（作者刘广云，系中国金融作家协会会员、中国散文学会会员、研究员、高级经济师）

青藏高原上的格桑花

——记中国人民银行拉萨中心支行原副行长白玛拉珍

白玛拉珍

藏族，生于1945年6月，1960年10月参加工作，1974年入党，高级经济师。1960年10月至1961年10月在人民银行昌都地区芒康县支行工作；1961年11月至1989年10月在人民银行昌都地区中心支行工作，先后担任营业部副主任、副行长、行长（党组书记）等职；1989年11月至2006年1月在人民银行拉萨中心支行工作，先后担任计划处处长、副行长、监管专员等职；2006年2月光荣退休。

　　她是一位在人民银行西藏分行工作了45年的老同志，名叫白玛拉珍，1945年6月出生在西藏昌都地区芒康县噶托村的一户贫苦农奴家庭，家中没有土地，没有牲畜，没有任何生产资料，生活很困苦，深受三大领主的剥削和压迫。她每天起早贪黑为农牧主放牧，除了得到一点残羹剩饭外，没有分文工钱。1952年，共产党、毛主席派来的解放军来到她的家乡。从此，贫苦农奴翻身得解放。1955年，芒康县建立了第一所小学，她和许多农奴的小孩一样也有了上学的机会。1960年，不满14岁的她被召入人民银行芒康县支行工作，1974年加入中国共产党，从基层干起，从一个普通员工成长为中国人民银行拉萨中心支行（原中国人民银行西藏自治区分行）副厅级干部，高级经济师，2006年光荣退休。

　　她参加工作的时候不满14岁，那时正在学校读书，因为国家需要，直接从学校被招去工作。当时人民银行西藏昌都芒康县支行只有3名工作人员，又是三年自然灾害时期，工作环境艰苦、自然条件恶劣。西藏干部每人每月工资只有5元钱的现金，其余工资都放在存折上，买任何东西都要到贸易公司拿转账单到银行转账，不能取现金。当时银行的工作量特别大，每天加班到夜里2点左右。当时银行干部的工资、福利待遇很差，每月除了23元的工资外没任何福利，也没有加班费。当时西藏交通不便，供给条件差，没有菜市场，只能自己种菜、养猪，没有自来水，就到河边去挑水吃。但她从未被这些困难吓倒，在人民银行工作了45年，把自己的一生都献给了西藏的金融事业，为西藏金融事业的发展踏踏实实、勤勤恳恳、任劳任怨、无私奉献，作出了应有的贡献，得到了上级行领导及地方党政的一致好评。

　　多年以来，在党的培养下，她从一名放牛娃成长为一名地厅级藏族妇女干部，自己付出了很多的艰辛和努力。她积极加强政治理论和业务知识学习，不断提高自己的政治素质和工作水平，坚决拥护中国共产党的领导，坚决执行党中央、国务院和中国人民银行总行制定的各项经济、金融政策和措施，并在实际工作中认真贯彻执行。她始终保持一个共产党员勤政廉政作风，严格执行金融系统"十个严禁"、"四个不准"，时时事事做到自重、自警、自省、自律，从思想上时刻警惕和抵制腐朽思想侵蚀。作为一名人民银行拉萨中心支行行级领导干部，曾有人请客、送礼，要求帮忙办事，都被她一律谢绝，从未有过以权谋私、以监管谋私等行为，真真正正做到了清清白白做人、坦坦荡荡做事。在尖锐复杂的反分裂斗争中，作为一名党员领导干部，她的立场是坚定的，旗帜是鲜明的，在大是大非面前始终保持清醒的头脑，做到了不利于民族团结的话不说，不利于民族团结的事不做。对家人、对机关干部和分管处室经常进行反分裂斗争教育；坚决反对狭隘民族主义，坚持"两个离不开"和"五湖四海"原则，增强政治上的敏锐性和鉴别力；能够充分认识党中央、国务院、人民银行总行对金融体制改革的重大和深远的意义，促进西藏经济发展和社会稳定。

　　1960年，14岁的她就参加了革命工作，先后在人民银行芒康县支行从事出纳、联行、对公、会计等工作，历任人民银行昌都地区中心支行营业部副主任、主任，人民银行昌都地区中心支行副行长、行长（党组书记）等职务。1989年，根据工作需要，调任人民银行西藏分行计划资金处处长。由于工作出色，1992年2月，她被人民银行总行任命为人民银行西藏分行副行长。

　　在任副厅级职务的12年来，白玛拉珍曾经分管过计划资金处、外汇管理处、金融研究所、保卫处、国库处、老干部管理处等处室。她多次克服西藏高寒缺氧、交通不便等恶劣的自然条件，坚持带病工作，兢兢业业、任劳任怨，带领工作组深入基层进行调研。12年来，她带领工作组到西藏的七个地区开展调研50余次，投入近500个工作日开展调研。

1992年2—6月，她赴那曲地区索县西昌乡，开展社会主义教育活动。在对当地农牧民进行社会主义教育活动的120多个日子里，从各种渠道筹集资金480万元，为西昌乡修建了水电站，建起了15个水磨房，为五保户和孤寡老人修建住房13间，为乡里修建水渠15条，解决了该乡缺水的状况。工作队不仅受到当地农牧民的称赞，还被那曲地委、行署评为先进社教工作队，被西藏自治区人民政府评为全区社教先进单位。

1995年3月，根据中国人民银行总行关于核销自治区积压国有商业企业贷款的批复和自治区人民政府《关于对国有商业企业部分贷款进行核销和计息挂账的实施意见》，她带队组织人行、财政、商业、税务等部门组成的工作组，对昌都地区医药公司、外贸公司、肉食品公司、贸易公司、林芝地区商贸公司、外贸公司六家国有企业进行了历时近两个月的现场清理和处理工作。此项工作政策性强、时间跨度大、工作量大，工作组始终坚持"严格范围、特事特办、一次处理、下不为例"的原则，较好地把握了工作方法和政策界限。

1996年11月，她又负责组成工作组深入成都、广州、深圳等地查处了一批假冒西藏企业名誉，用假报关单、重复使用报关单、涂改报关单等手段在广州骗购国家外汇的案件，依法对违法单位给予处罚，并将案件移送当地公安机关处理，有力地打击了外汇违法活动，保护了国家利益。

1997年，她先后两次带队组织工作组对拉萨市和山南、日喀则地区两个中心支库以及五个县支库30多个经收处进行了全面检查，提出整改意见，召开联席会议协调解决工作中存在的问题。通过深入基层调查了解，掌握了大量的基层国库机构的第一手资料，协调了财政、税务、海关及各家商业银行之间的关系，促进了国库工作的顺利开展。

白玛拉珍（右一）与同事探讨工作

2000年8—9月，她带领工作组完成了对丹杰、八廓街、昌都城市信用社的转制工作。由于工作深入扎实，三家信用社改制很成功，各方面反映良好，没有出现遗留问题。

2002年9月，她带领调研组对山南地区农牧金融服务工作进行了调研。工作组利用54个工作日，按照腹心地区、边境地区、交通发达地区、交通落后地区、经济发达地区、经济落后地区、农区、半农半牧区等调查分类赴山南地区措美县、琼结县、乃东县、贡嘎县农行听取了服务机构金融服务工作开展情况，走访了农牧民，听取他们对农牧区金融政策的了解及资金满足程度、资金使用情况等，撰写了调研报告，得到了自治区党委和政府的高度肯定和认可。

天山脚下的雪莲花

——记新疆农村信用社联合社理事长米力古丽·阿吉努尔

米力古丽·阿吉努尔

1977年9月—1984年6月
新疆社会科学院历史研究所　干部
1984年6月—1992年6月
原人民银行自治区分行计划处　副主任科员
1992年6月至1996年6月
原人民银行自治区分行计划资金处　助理经济师、主任科员
1996年6月—1998年6月
原人民银行自治区分行非银监管处　副处长
1998年6月—1999年10月
原人民银行自治区分行非银行监管处　副处长（主持工作）
1999年10月—2001年10月
人行乌鲁木齐中心支行非银行监管处处长
2001年10月—2001年10月
人行乌鲁木齐中心支行货币信贷处处长　高级经济师
2004年10月—2005年10月
自治区金融工作办公室金融处　处长
2005年10月—2013年4月
自治区金融工作办公室　党组成员　副主任（主持工作）
2013年4月至今
新疆农村信用社联合社　党委委员　理事长

自1984年起，米力古丽·阿吉努尔同志一直从事和致力于新疆金融的发展事业，熟悉和掌握我国不同时期的宏观调控取向及财政政策、信贷政策和产业政策的变化和特点，具有深厚的金融理论及专业功底，先后开展和发表了区域金融研究项目和调研报告20余篇，组织编撰了《保险理论和实物》《案例分析》（中国金融出版社）等教材和著作，荣获中国农业部联合八部委颁发的"全国农业产业化先进工作者"荣誉称号。

自1984年起，米力古丽·阿吉努尔就一直从事和致力于新疆金融的发展事业，曾先后在原人民银行新疆维吾尔自治区分行计划处、计划资金处、非银监管处，人民银行乌鲁木齐中心支行货币信贷处，自治区金融工作办公室，新疆农村信用社联合社等单位工作，熟悉和掌握我国不同时期的宏观调控取向及财政政策、信贷政策和产业政策的变化和特点，具有深厚的金融理论及专业功底，是农业部联合八部委颁发的"全国农业产业化先进工作者"获得者。

心系"三农"的"草根金融家"

2014年春节将至，新疆农村信用社联合社的办公大楼里仍显得一片忙碌。在理事长的办公室里，一位衣着得体的维吾尔族女性正端坐办公桌前，微笑着接待每一位来访者。睿智的眼睛，亲切的话语，使她周身透出一种优雅大气、从容不迫的风度。

她，就是2013年4月履新的新疆农村信用社联合社理事长米力古丽·阿吉努尔。

忙里偷闲，米力古丽理事长接受了我们的采访，话题立刻转到了如何理解"草根金融"的含义，农村信用社如何支持新疆经济社会发展，加大对"三农"

2009年10月

的金融支持力度，让新疆的农牧民，特别是南疆相对贫困的喀什地区、和田地区、克孜勒苏克尔克孜自治州3个地州农牧民尽快致富上。

为了让农牧民在马年"马上有钱"，米力古丽理事长对新疆农村信用社今后在业务方面需要取得的突破，有着深入思考和积极行动。

"新疆的社会经济发展离不开金融支持，"她对我们说道："对于新疆农村信用社而言，一定要做农村经济发展的助推器而不是抽水机，要取之于农村，用之于农村，切实解决农牧民贷款难、贷款贵的问题，让他们了解农信社的贷款流程，能顺利贷到款，这是我当前的迫切思考。"

上任伊始，米力古丽理事长就结合党的群众路线教育活动，先后组织了几次深入南北疆的大规模调研，走基层、接地气，问计于民，以期摸清农村金融需求及服务现状。调研结束后，形成了为新疆实现跨越式发展与长治久安两大历史任务提供金融支持的专题报告。

结合调研结果，新疆维吾尔自治区农信社联合社（以下简称区联社）把现有的百余项支农业务重新进行了梳理，对进一步助农惠农提出了更高的要求。

针对群众的意见建议，一项项看得见、摸得着、惠百姓的实事和整改措施纳入区联社党委的议事日程，涉及加快农村信贷产品创新；加大农村信用工程建设力度；加快福农卡推广步伐；推进畜牧业贷款业务发展；加强农民专业合作社贷款投放力度；指导各行社做好生源地国家助学贷款；深入兵团开展金融服务；争取相关财政贴息资金到位，实现妇女创业贷款、富民安居贷款、下岗失业再就业、农村（兵团）青年创业贷款财政贴息等方方面面19项群众期盼、涉及民生的金融服务。

没有南疆三地州的小康就没有新疆的小康。按照米力古丽理事长的构想，以支持南疆三地州畜牧业发展为突破口，一项推动三地州农牧民增收的试点方案日渐成形。方案提出，按照"政府+金融+保险+农户"的运作方式，拓宽畜牧业投入渠道，加大信贷资金投入力度，多方位防控风险，快速促进畜牧业发展。

事实上，新疆农信社农村金融主力军的作用已经日渐凸显。截至2013年末，新疆农信社各项存款余额2 205.45亿元，增长18.72%；各项贷款余额1 462.72亿元，增长24.5%，高于新疆金融机构贷款平均增速1.19个百分点，存贷款余额双居新疆金融机构首位。其中涉农贷款余额1 044.83亿元，较年初增加238.88亿元，增长29.64%，占各项贷款余额的71.43%，涉农贷款增量、增幅、占比均高于上年水平，实现了中国银监会提出的"三个高于"目标。

以下一组"民生数据"更能体现出米力古丽理事长的着力方向：截至2013年，新疆农信社用于安居富民、定居兴牧的"两居"贷款余额达57.46亿元，惠及农牧民40.62万户；妇女创业小额担保、下岗再就业和青年创业贷款余额44.13亿元，累计带动就业37.1万人次；评定信用户190.8万户，占比65%；信用村4 878个，占比46.4%；信用乡镇354个，占比36%，农村金融环境进一步改善，农牧民贷款更加便利。

改革创新的探索实践者

从2012年召开的全国金融工作会议到十八届三中全会以及中央经济工作会议，改革创新都是一个不变的主题。而农村信用社在这一大潮中，面临着前所未有的机遇和挑战。对于这一点，米力古丽理事长有着深刻的认识。

从8年前的积贫积弱、普遍亏损，脱胎为新疆农村金融的主力军。如果说，新疆农信社在坎坷的改革之路上"杀出一条血路"，那么今天，新疆农信社正试图"闯出一条新路"。

"要开创新的局面，前提是科学发展，规划先行，实事求是，因地制宜，符合实际，实现双赢。运用金融资源，依靠国家政策扶持，发挥好服务"三农"的作用，主营业务要与发展相匹配，把农村金融改革变成顺势而为、水到渠成的事情"。米力古丽理事长给新疆农信社的改革如此定调。

2013年7月27日，群众路线动员会投票

在她看来，新疆农信社目前市场份额虽稳居辖区前列，但其生于"三农"，即使其管理体制和经营机制多变，但其客户群体不变，最广大的信用合作伙伴始终是在农村经营着农业的农民。因此，农村信用社也必将植根和腾飞于"三农"，它是出发点也是落脚点，要发挥农村信用社地缘、人缘、血缘的比较优势，这是支持

农民致富、建成小康社会的社会责任，更是新型农牧业进程加快对农村金融的必然要求。不能因农村信用社改制而造成对农村金融服务的冲击，丢失掉已经在农村占有的资源和优势。农村信用社改革成功的关键是普遍建立了以私人企业股权为主体的混合所有制产权结构，解决了长期以来产权不明、责权不清的问题。而十八届三中全会对混合所有制经济的肯定，对农村信用社进一步深化产权改革、完善混合所有制的农村商业银行将是巨大促进。

基于这样的认识，她认为新疆农信社作为自治区人民政府领导下的地方金融机构，更要彻底解决其在产权制度、管理体制、风险防范等方面存在的诸多问题，必须要不断地深化改革，在发展中逐步解决难题。

党的十八届三中全会《决定》中强调发展普惠制金融，鼓励金融创新，丰富金融市场的层次和产品，这既对农村信用社加快发展、改善服务提出了要求，也提供了新的机遇。

结合中央精神，米力古丽理事长为新疆农信社的金融创新画好了跑道：面对农村经济社会快速发展，农业产业结构升级和城镇化建设步伐明显加快，农村金融服务需求呈现多样化趋势的新形势，农村信用社必须要摒弃单纯依靠存贷利差的盈利模式，必须坚持传统业务与新业务、农村业务与城市业务、本币业务与外币业务、资产业务与负债业务并举的基本方略。

新疆农信社在全疆共有83家行社，遍布天山南北，经营差异较大，尤其是南疆县级联社自身规模小、抗风险能力差、管理水平和自身约束力还比较差。如何从战略高度加快推进农村合作金融机构股权改造也纳入了她的视野。按照她的改制蓝图，在稳定县级独立法人地位的基础上，按照成熟一个改制一个的原则，因地制宜，有计划、有步骤、分批分期推进全疆农村信用社股份制改革工作。力争天山农商行用3年时间完成上市工作，2014年实现地州所在县市联社进行股份制改革工作的突破，计划第一批完成昌吉、阿克苏、库尔勒、石河子、伊犁和喀什6家市联社，第二批完成奇台和乌苏2个县联社农村商业银行改制。

在新时期，省级联社如何定位与发展，这个"婆婆"应该怎么当？这是全国各省农信社都在关注的焦点。而米力古丽理事长将省联社打造成一个行业管理和服务平台的构想，颇具建设性和前瞻性：

按照"明确职责、规范履职、改进管理、强化服务"原则，明晰区联社履职边界、规范履职行为，淡化行政管理，强化服务职能，从信贷、人力资源、计财等方面入手，实现由管理型向服务型转变。把区联社打造成一个行业管理和服务平台，注重在IT系统建设、产品研发、清算结算、员工培训、政策咨询等方面为辖内农信社提供中后台服务，逐步构建以产权为纽带、以股权为连接、以规制来约束的区联社与基层法人社之间的新型关系，真正形成区联社与基层法人社的利益共同体。结合新疆面广、线长、点多的现状，区联社2014年将对辖内农村信用社实施分类管理：对经营财务状况明显改善、内部管理水平较高、可持续发展能力较强的农村信用社下放权限，按照市场化原则，提供支付结算、业务咨询等公共服务；对经营财务状况有所改善，具备一定自我发展能力的农村信用社，培育其自我管理能力，通过强化现场检查、外部审计等措施，规范其经营行为，引导其逐步建立可持续发展机制；对资金实力弱、财务状况差、自我发展能力严重不足的农村信用社加大帮扶力度，强化监督检查，对其高级管理人员聘任、大额贷款和财务开支等重要事项进行指导咨询，帮助其逐步可持续发展。

2013年11月，考察调研

撒播智慧的危机"消防员"

采访米力古丽理事长身边的工作人员，会发现大家对这位领导的情感是"复杂"的，一方面她对工作及身边的工作人员要求之严格，有时甚至到了有些苛刻的程度，每一项工作都要求精益求精；而另一方面，这也成就了足以让大家受益终生的严谨的职业素养和处事原则。

一位同事回忆起这位对待工作"绝不打折"的领导时，说起了一个例子。上报政府的重要文稿她都非常重视，休息日也会召集大家一起来办公室，围着电脑边探讨、边思考、边起草，不知不觉周末就这样度过了。这样精心准备的文稿，经常会得到自治区领导的充分肯定，认为数据准确、建议可行。

"对我们触动最深的是她对事业的执着追求，"很多新疆金融界的同仁都这样评价她，"工作中始终精神饱满，没有一刻懈怠，

235

而且协调及领导能力出众，工作干练麻利，处事非常果断。"

这些评价从她多年从事金融工作所取得的建树，特别是她调任自治区金融工作办公室以后，在参与德隆危机、啤酒花股份"雪崩"、新疆证券重组等金融突发事件的出色表现中得以体现。

2004年及2005年间，一系列金融突发事件发生后，如何处置全国没有先例，既要保证稳定又不能让企业伤了元气，还要经得起时间的检验。如何当好这个"消防员"，时任自治区金融工作办公室党组成员、副主任的她面临着重重难题和巨大压力。

"遇事不慌，事情再乱，都要心有沉着坦然面对"，谈起当年参与危机处置的经历，米力古丽理事长显得很平静："有些压力是因为自己达不到要求才会产生的，这也是对自己能力、素养、修养的一种考验。我相信沟通是解决化解一切问题的良药，因为没有一说就能办成的事，但也没有办不成的事。"

这一系列突发事件中，德隆危机无移是当时涉及面最广、影响最大的，至今仍能成为人们的谈资。在众多"疙瘩"中，偿还债务最为棘手，为了解决这一难题，金融办牵头成立了债权人委员会，让大小股东成为债权人，由政府召集债权人，对重组涉及的利益分配进行共同商议，分配结果大家公认。这在当时全国防范处置金融风险是一个创新，此举一出，得到了国家部委的肯定。通过一系列包括成立债权人委员会在内的大量细致工作，德隆危机最终得以妥善解决。

"将智慧播撒在工作的每个细节"是同仁们对她的赞誉。在人民银行乌鲁木齐中心支行工作期间，她牵头完成了信托投资公司、金融租赁、典当行、基金会、彩票发行、企业债券等方面的金融"三乱"清理、整顿和移交工作；为推动自治区利率市场化改革的有序推进，建立了辖区市场利率监测反馈制度；结合运用货币政策工具，强化对人民银行信贷资金的风险防范意识，有效发挥了货币政策工具对经济发展、中小金融机构稳健经的调控、引导和促进作用……

在金融办工作期间，她力推了科学统筹金融业支持新疆跨越式发展工作，着力做好引导金融机构优化信贷结构。同时推进地方金融改革，健全地方金融组织体系，积极促进贸易投资便利化，深化金融开放合作，使金融协调服务平台顺利搭建，为维护金融稳定，营造良好金融环境奠定了基础……

懂得生活的知心大姐

从一般员工一路走到金融高管，不少人称米力古丽理事长为"女强人"。可她却认为这是一个贬义词："我只是一个普通人。出了单位，进了家门，我就是一个好妻子、好母亲。"而在更多的同仁们眼里，她不但是一位好领导，更是一个知冷知暖的大姐姐。

每年的3月8日，她都会召集单位的姐妹们一同度过属于自己的节日，一改工作时的严肃认真，和大家谈天说地，谈家庭、谈孩子、谈游泳……给姐妹们的服饰提出建议，讲一讲丝巾和项链怎样搭配最好看，聊一聊如何积极面对人生提高生活品质。兴致高时，偶尔还会给大家来上一段维吾尔舞蹈。

"她做饭是一把好手"，小姐妹们一聊起这个话题，顿时七嘴八舌地抢着说了起来："每年古尔邦节、肉孜节的时候，我们都要去她家里大吃一顿，她做的民族小吃"曲曲"和点心特别特别好吃。她也有小女人情怀，一双巧手把家里上上下下打理得干净整洁，这就是对家人的爱呀。我们觉得她对生活的哲理、对美的理解，也都非常独到"。

和"遇事不慌"相对应的，是她特别注重"遇闲不荒"。知识分子家庭出身的她对自己要求甚高，工作力求完美，因而读书便成为她"遇闲"时最好的消遣方式，前沿的金融类书籍、财经类杂志报刊，时时摆在她的案头。

这一点一滴的积累，体现在她先后发表的20余篇论文当中，体现在她对事件的前瞻性判断当中，体现在她对待生活、做人做事的真诚坦白、从容不迫当中。用她的话来说，就是坦然、沉静的人生坐标，从来不曾改变。

有了这个坐标，就能够以平常心态看待周围的人和事，就能理解读懂、真诚坦白地对待他人，更能找准自己的定位。

她说，"实现目标要靠集体的力量和智慧，办成任何一件事情，集体的力量占成功的90%。我不是引舞者，而是参与者，我要调动大家的积极性，把自己放在该放的位置，那就是不辞劳苦地奉献，坚韧不拔，永不放弃，这是一个女性成功所应具备的。"

如果说，用"和若春风"的真诚感染大家是米力古丽理事长的为官艺术，那么，她也有"肃若秋霜"的一面：对待原则问题没有变通的余地，宽有尺度，严有标准，先做人再做事。

2009年11月，在喀什调研

从2009年开始，小贷公司和担保公司先后在新疆试点，审批权放在了自治区金融办，她第一时间立下规矩，不和任何此类公司的老板见面，拒绝所有吃请。试点工作开展以来，经她手审批的上百家小贷公司和担保公司，全部是按照相关规定予以批准的。

调任区联社理事长以来，公款消费、违规放贷等越界的事也是一律免谈。去外地出差调研，当天能回来的尽量赶回，需要住在当地，尽量不给基层增添负担，吃住一律从简。酒桌规矩还没有进行，晚餐已经结束了。

干练，果断，认真，博学，精通，热情，和善，亲切，耐心，包容，有人情味……来自同事们的赞誉之词让人怦然心动。

执着的追求，深厚的底蕴，优雅的气度。她在平凡的金融岗位上洒满了圣洁之光。

"我将把毕生的精力投入到金融研究中，不打折扣，实实在在，因为我对党的事业充满敬畏与忠诚。"米力古丽理事长说。

我是一朵小花

——中国农业银行深圳分行
李婉一自述

李婉一

1933年1月8日出生，汉族，原籍广东省中山市，是贫民家中的女儿。1949年7月毕业于中山县立简易师范学校。1950年初参加工作，先后在顺德县税务局珠江专署、党中行政公署、东莞市税务局工作，后又到宝安县财政局、县财办工作，"文革"后调到人民银行惠阳地区中心支行、农业银行，最后调回农业银行深圳市分行工作直至退休。

1932年12月，我出生在广东省中山县城一个普通居民的家中。因为是家里的第一个女儿，所以取名李婉一。从小到大我都是在中山读书。1949年7月我毕业于中山县立简易师范学校，同年参加工作，先后在顺德、中山、佛山、江门、东莞、宝安、惠阳和深圳等地的税务局、财政局、人民银行、农业银行等单位工作，曾任股长、科长、处长、党办主任等职。直到1988年，我才从中国农业银行深圳市分行党委办公室主任的职位上退休，为党工作了近40年。

深圳特区成立初期，我们全家于1980年底从惠州市搬回深圳市，我即到农业银行深圳市分行工作。当时的深圳特区是百业待兴，中央表示只给政策不给资金。可要把深圳从一个中国南海的边陲小镇发展建设成为国际大都市、政策开放的窗口，当时首先要解决的就是建设资金问题。然而，问题的解决既不能靠捐助，更不能靠借外债，只能从政策上找出路，这正是当时摆在特区政府面前亟待解决的难题，也为农业银行的政策发展和金融创新带来了机遇和平台。

1982年深圳分行迁入位于罗湖区深南东路98号的一栋九层高的大楼办公。我当时任分行计划处处长。有一天，时任农行深圳分行代理行长的符史峰同志陪同时任副市长周鼎同志来农行考察，后来周副市长带我到一处建筑工地调研。他指着一片空地对我们说："这里以后全部要建成高楼大厦，但是现在首先要搞好'三通一平'建设，就是路要加宽加长，电讯要全面覆盖，地下给排水要重新建设，目前地方政府财政家底薄，财力有限，希望银行方面给予支持。"周副市长还专门对我说："李处长，你是管资金的，可要

1984年，李婉一在计划处工作时，与同事合影

为市里多想想办法啊！"听了周副市长的一席话，我深刻感受到市委、市政府对国家专业银行的厚望。农业银行作为本地的一家专业银行，大力支持经济特区的建设也是责无旁贷的，但是在当时发放贷款用于政府基础建设，此前还没有先例，也不符合当时的信贷管理规定。这使我进退两难，十分纠结。然而，经过深思熟虑，我决定做第一个敢吃螃蟹的人。我当即向符史峰行长汇报了自己的想法和有关贷款的操作方案，即由深圳市财政局提供担保，并由市政府指定的企业向农行申请专项贷款，额度不超过1亿元。此方案经过详细论证并确定后即向广东省分行申请报批。最终，此方案得到了上级行的大力支持。农行通过这次金融创新，对当时的特区基础建设资金的落实摸索出了一条道路，对特区早期的基础建设起到了积极的作用。

邓小平南方谈话发表后，深圳特区进入了大改革、大开放、大建设、大发展的新阶段，而各行各业的大发展需要投入大量的资金。国务院批准外资银行可在特区内设立独资的分支机构，南洋商业银行是第一家被批准允许在特区内设立分支机构的外资银行。同时，国家原有四大银行打破行业业务限制。作为国有银行之一的农业银行深圳分行，预感到银行业将会有激烈的竞争。因此，农业银行首先大力巩固原有农村阵地并加以发展，在特区全力打破行业界限，想方设法吸收存款，改变过去等客户上门的作风，走出办公室去争取客户，大力发展银行的各项业务。对大的商业零售企业，农行率先实施派专人专车上门服务，收取营业款，对大额私人储户也采取上门服务，使农行的存款有了飞跃的增长。

1988年底退休后，我很长一段时间并没有退出工作，没有退出社会活动，当时就有四家金融企业不约而同地邀请我去任职，通过深入考虑，我选择了深圳市圳宝公司，主要是考虑想发挥自己的余热，为特区建设作出贡献。因此，当时我就与该公司达成协议：不当法人代表，不领月薪，留去自由。在该公司工作期间，我积极主动参与公司的各项管理工作，协助处理各项事务，主动走访各方面关系，为公司拉客户、搞推销。在我付出辛勤劳动的同时，公司实现了可观的经济效益，我也得到了公司内部员工的一致认同。在工作中有苦有累，有时还受委屈，但我没有后悔和怨言，在苦和累中我实现了自身的价值。从某种意义上讲，我又为深圳的经济建设继续工作了十多年。

随着时间的推移，深圳分行的离退休老干部越来越多。为了丰富老干部的生活及便于管理，1991年秋天，经全体老干部选举，深圳分行本部成立了"离退休干部委员会"。我很荣幸被大家选为委员之一，任期三年。在这三年时间里，我们协助人事部门做好为老干部服务的工作，同时也为老干部争取权益。

李婉一和离休干部合影

　　老干部退下来了，但他们在不同的部门和岗位上有着丰富的经验和故事，这些经验和故事汇总起来也就是深圳分行的历史，对农行来说也是一笔财富。截至2013年，《我们的退休生活》已经出版了十一期，最新的一期也将要出版，其内容更加丰富：有往事回忆，观光见闻，教育晚辈的心得，保持身心健康的经验，等等。"小册子"已经并将继续成为老干部交流感情、相互学习的平台。

李婉一于69岁时主持农业银行深圳分行老人节文艺晚会

自1980年进入农行深圳分行，我对农行有着深厚的感情。在农行的工作有喜有乐，现在我已经82岁了，受到了各级领导和同志们的支持和爱戴，我的身体和精神都很健康快乐。每周我都会到农行老干部活动中心打打小麻将，到深宝政协老干部联谊会去表演粤剧。我的目标是健康快乐，为社会、也为子女减轻负担，争取多活几年，看着改革开放后的深圳更加繁荣！

用奉献诠释人生

——记中国人民银行江苏省分行原副行长张长玉

张长玉

1939年10月15日出生。

1954年8月至1957年11月在长春银行学校学习。

1957年9月至1980年10月在人民银行徐州市支行工作，任办事员、科员（1962年9月在徐州市团训班学习半年；1965年2月至11月在徐州郊区参加社会主义教育运动）。

1979年4月27日加入中国共产党。

1980年10月至1984年12月调中国人民银行江苏省分行计划处任科员、副科长。

1984年被评为高级经济师，同年任中国人民银行江苏省分行综合计划处副处长。

1986年7月任中国人民银行江苏省分行综合计划处处长（1986年9月至12月在江苏省委党校学习）。

1990年4月至1998年11月任中国人民银行江苏省分行党委委员、人民银行江苏省分行副行长兼国家外汇管理局江苏省分局副局长。先后分管外汇管理、计划信贷、会计国库、货币发行、科技等多个处室工作。

2000年2月28日退休。

　　斯大林曾经说过，共产党员是以特殊材料铸成的。特殊在哪里？当我们追寻着张长玉的人生轨迹，从她奋斗过的徐州，到工作过的南京履历中就能很快找到答案。她无限忠诚于党的事业，她具有更坚定的政治信仰、更高的思想道德修养、更强的事业心责任感、更多的无私奉献、更大的个人利益牺牲，无不折射出一个党员的特殊本色，无不体现着"党性"二字的深刻内涵。我们顺着她七十五个春秋、七十五载人生足迹搜索，一串串闪光点跃然纸上，我们将其积点成线，自然连接，便勾划出她的人生坐标，一幅幅色彩缤纷的画面浮现于眼前，一曲曲动人的歌谣流淌于心底。平凡的她，在平凡的工作岗位上干出了不平凡的业绩，干出不平凡业绩的她，无论在工作岗位上还是在退休后，一直用打拼书写人生、用奉献诠释人生、用实绩完美人生，这既是她人生的不变追求，也是一个优秀共产党员特殊风采的展现，更是她成长的历程和奋斗的轨迹。

争当"优秀钢铁战士"，磨砺出一个刚毅的意志品质

　　在一个冬日的午后，笔者敲开南京市珠江路丹凤新寓13幢501室时，一位神采奕奕的阿姨打开了门。一介绍，才知眼前这位精神矍铄、很阳光的老人就是张长玉。在客厅，当笔者和老人聊起家常时，她心情愉悦地谈起年轻的往事。

　　1957年9月13日，年仅18岁的张长玉怀揣着长春银行学校优秀毕业生证书和人民银行江苏省分行的介绍信，来到了徐州市支行报

到，人事科将她安排到营业部工作。第二天，营业部孙主任就让她参加中心工作——兑付建设公债本息，同时跟老刘同志一起到居民兑付点。二人一组，老刘让她维持秩序，剪贴花，算应付款，他复核付钱。兑付结束后回行轧账、钱账无误才能下班。每天晚上都要轧账、找错，特别麻烦。时间长了，张长玉悟出了门道，从差错的数字大小，找可能出错的贴花数，加快了对账速度。孙主任开心地说："这小姑娘还行。"

1958年是大跃进年，社会活动很多，挑古黄河污泥，挖旧湖道，帮农民抢收抢种……无论干哪一行，她都从不叫苦叫累。特别是全民大炼钢铁年代，营业部在后操场上架起三个小高炉——炼铁。炉料、铁矿石、石英沙、废铜烂铁等从各处运来，定时往小高炉倒料，定时流出金灿灿、热腾腾的铁水。她参与炼铁全过程，砸过石子、担过炉料，也当过炉前工。当时小高炉要求24小时不间息运行，炉前工要跟着转，要求很高，不能睡觉，非常辛苦，也非常劳累，有时实在太困，她靠着大树就睡着了，这样一直干到当年12月才叫停。行里召开总结会，领导表扬了她并发了"优秀钢铁战士"荣誉证书。在那段激情岁月里，坚定了她的政治信念，也磨砺出了她顽强、坚毅的意志品质，这为她以后的人生之路奠定了坚实的思想政治基础。

愿做"研究生"，练就出一身扎实的业务技能

1958年底，张长玉回到信贷岗位，大跃进的气氛仍然很浓。银行要支持经济，服务经济，做促进派。当时的宣传口号叫得很响，要多少，给多少，什么时候要，什么时候给。张长玉被安排跑专卖公司、烟酒厂，兼顾工商信贷。而那时工商矛盾很大，特别是烟厂生产高档烟，产值高，赚钱多，低档烟产值低，不赚钱，因此，高

档烟产得多。而专卖公司因市场购买力低，高档烟卖不掉，低档烟常常脱销，他们喜欢收购低档烟，拒收高档烟，导致高档烟压在烟厂的仓库里。对此，张长玉经调研，把烟厂与专卖公司两边的情况整理成材料，向市政府和两个主管部门汇报，提出了意见：一是卷烟是专卖品，烟厂不能自销，已经生产出的库存烟，专卖公司应收购，想办法扩大对外销售；二是今后工商协商制定卷烟生产计划，烟厂按计划生产，公司按计划销售，把矛盾消除在生产之前；三是请两个主管部门进行协调。这一意见市领导很重视，要求两个单位主管部门成立调解组，较好地解决双方之间存在的问题。事后，烟厂的张书记说："银行帮我们讲话了。"

1980年10月，张长玉调到人民银行江苏省分行计划处工作，起初做收集情况，编写简报，定期反映货币流通和信贷资金运行情况，给领导分析研究金融形势参考。这项工作比较有规律，月月季季如此，张长玉比较注意新的情况，新的问题，反映情况不枯燥，处室老同志夸奖说，张长玉的分析有深度。

尽管如此，张长玉深知，胜任工作，在业务和政策上必须要有深厚的理论基础；不仅要懂金融，还要懂经济；不仅要懂得信贷知识，还要懂金融财务制度；不仅要懂业务，还要通晓各类包括金融法律法规在内的法律知识；不仅要懂传统的业务，还要不断学习新经验、掌握新技术。于是，她从学入手，她制定了周密的自学计划，努力使自己成为一个宽口径、厚基础，懂得多项业务的员工。

1984年，人行、工行两行分家，张长玉参加这项改革的全过程。试行两个月后，张长玉感到：一是全国大一统的联行分拆后，结算速度缓慢，同一城市企业间结算要绕大圈子，走十来天，企业反映强烈。二是商业银行自主经营，信贷资金的运行规律有变化，过去是秋投放，春回笼，季节性较强。现在银行要经济效益，年初主动放贷，年末收获利息。企业边贷款，边存款，利息负担加重。银企间有了新矛盾。于是，张长玉在总行召开的座谈会和申请高级经济师的报告中反映这些问题，引起重视，并为进一步改革和工作提供了参考。当年，张长玉被评为高级经济师，并提为计划处副处长。

1985年初，人行、工行两行彻底分开。张长玉领着四位年轻人在人民银行计划处开始全新工作。张长玉的服务对象为各金融机构，重点是商业银行。那些年，每到旺季，张长玉会和农行等有关方面就到淮安等农副产品收购量大的地区看现场，算账、给钱，防止给农民打白条。对经济生活中特殊需要，人民银行留有少量特种贷款。张长玉记忆说，记得当时，就一个目的，花少钱办好事、办大事。在支持昆山经济开发区中，人行向开发区贷了200万元款。昆山得到此款后，边上项目，边建设，滚动开发，速度很快。他们的经验曾在国务院召开的开发区情况交流会上作介绍，让许多人震惊，也深深悟出尊重地方积极性的可贵。

一分耕耘，一分收获，勤奋地学习，刻苦地钻研，使张长玉的业务有了长足的长进，理论基础有了进一步的夯实，工作起来自然得心应手、游刃有余，她迅速成长为金融领域的业务骨干和行家里手。

20世纪80年代在苏州吴江视察工地（左二）

甘做"服务员"，坚定不移地履行好基层央行职责

自1990年起，张长玉担任中国人民银行江苏省分行副行长、党委委员，直到1998年退居二线。在这九年的副行长期间，张长玉充分发挥了她长期在基层熟悉业务的优势，并不断提升了领导协调能力，表现出很强的事业心和工作责任感，并逐渐显露出应对复杂局面的处理能力和运筹帷幄的能力。

她告诉笔者，1990年初，江苏经济连续5个月负增长，经济滑坡，困难重重，对此，她结合省情，积极向省政府有关领导提出了"保证重点，兼顾一般"的信贷政策，组织拟定了七条措施以五行名义电传各市政府和银行，对促进江苏省经济复苏，摆脱困境发挥了积极作用。

同样，在1991年夏天，特大洪涝灾害侵袭江苏大地，她当时参加了省防汛指挥部工作和处理行里的日常工作。在洪涝灾害最困难时期，总行白副行长亲临江苏慰问，张长玉陪同他们跑遍苏南、苏北，走访了重灾户。经多方努力，总行及时给江苏下拨抗洪救灾恢复生产贷款指标8 000万元。灾后，金融系统一度出现"突破规模论"，对此，她站在中央银行的立场上维护"控制总量"的信贷方针，据理驳斥。当时，全省实际贷款增量为215亿元，控制住了总规模，得到了总行的肯定。此外，张长玉还参与组织领导清理"三角债"，经多方努力，较好地完成了"清欠"任务，取得了注一清六，好于全国注一清四的平均水平。

作为分管外汇管理工作的副行长，她"铁腕式"的监管与"柔情式"的服务让她成为备受有关商业银行"青睐"的焦点人物，接踵而至的是查处有关违法违规案件中的说情、送礼，拉关系、走后门，可她却是个有名的较真的主儿，她深知，手中的权力是人民给

1991年江苏特大洪水灾害期间，陪同白文庆副行长赴扬州兴化金库

予的，是法律赋予的，如果偏一点、松一点，虽然会保护一部分人利益，可损害的却是国家、是集体、是央行的形象和威严。于是，她横下一条心，认准一个理，在情与法、公与私的天平上，她毅然决然地选择了大公无私、铁面无私。

在大型监管活动中，她都尽可能亲自参加，指挥督办，以丰富自己的实战技术。当然监管不是目的，而是寓监管于服务之中，服务才是根本。回顾那段时间，张长玉深情地说，国家在外汇体制改革的每一步，江苏都是试点地区。张长玉印象最深的是外商投资企业实行在银行结售汇，这是取消对外商企业经常项目下汇兑限制的最后一条限制。总局要求2个月内完成，当时江苏有2万多家外商企业，分布在全省各地，全部按总局给的办法做很困难，他们结合江苏情况改了两点，一是试点办法规定由"企业申报"改为"银行企业双线申报"，这样发挥银行积极性，外汇局也能及早掌握外企开户情况，避免遗漏。二是办法要求"给企业账户核定最高限额"，当时已有企业在银行开户再核额度显得更紧了，有阻力。张长玉决定改为"按当年需求和历史水平核定限额"，这样便于宏观控制，保证了企业正常用汇，受到了欢迎。两个月内，大家加班加点如期完成。这一做法在总局介绍时受到广泛好评，得到了总局肯定并推广。

为配合外汇体制改革的步步深入，方便外汇调剂买卖，江苏省及各市县成立了外汇调剂中心，开办外币结算业务，从1988年3月至1992年9月，外汇调剂由双方背靠背议价成交，为保证重点需要，进场的购汇单位均是国家政策支持的重点工程项目和农产品进口用汇。当时官方汇率只有5.7元/美元，而市场汇率1992年未达到8元/美元。1993年4月汇率直线串升到11元/美元。为了稳定汇率，改善外汇环境，张长玉在总行、总局领导下，采取各种综合措施，积极干预市场，在紧急时，张长玉坐镇调剂中心根据指令随时出手，用了少量国家外汇储备，把高昂的汇价压下来。与此同时，对囤积外汇的企业收紧银行贷款，迫使其卖出外汇，增加市场外汇供应，使外汇市场的调剂价格稳定在8.5~8.7元/美元，这就为外汇体制进一步改革创造良好环境。

回顾外汇管理体制改革全过程，张长玉很激动。她告诉笔者，国家的外汇储备从1980年的22亿美元，如今达到3万多亿美元，二十几年涨了1 300多倍，是我国经济体制改革、市场经济发展的丰硕成果，是我国经济实力重要体现，她为在这个岗位上工作过感到自豪。

再多发"余热"，做一个"淡泊名利"的快乐老人

1998年下半年，超过58岁的分行领导干部退居二线，张长玉是其中之一。但张长玉"退而不休"，因为她心中有两件事丢不下：一件是江苏省钱币学会主编的《中国近代纸币史》。早在1991年省钱币学会就领了"任务"，安排专家、学者、史料档案等各方人员收集资料整理。作为省钱币学会会长的她，组织好各路专家、学者从中国近代史的实际出发，按照社会发展轨迹的全过程来研究货币发行及其制度的变革兴衰。经过两年多努力，几易其稿，终于完成

此书的出版。后来，这本书分别获得了江苏省社科联二等奖和中国金融钱币学会二等奖。另一件是积极推进江苏银行卡联网联合。江苏银行卡网络服务中心是由人行牵头，各银行及相关单位出资组建的，这也是全国四个试点地区之一，当

生活照

时设想江苏中心是跨银行跨地区，连接宁、苏、锡三市的"江苏模式"。但多年来，工作很艰难，网上卡业务量很少，财务困难。作为理事长，张长玉反复研讨讨论最终拟定了《关于九九年暨今后三年银行卡网络建设的意见》，解决了此难题。其后，中国银联筹备处成立，江苏银行卡网络中心的人、财、物全部并入。银联一位副老总对张长玉说："江苏给总中心（中国银联）提供了人、财、技术等全方位支持。江苏银行卡联网联合走在全国前面，江苏人为银联建设作出了贡献。"

2003年，张长玉正式退休。可她心态好得很，一点都闲不下来，截至现在，已在老年大学上学了11个年头，学习了声乐、古筝、钢琴、计算机等，重点学习保健养生、老年健康、中医养生、保健按摩、心理卫生等课程。张长玉认真听课，结合自己经历写了《说说小中风》，并在分行老干部的讲堂上发言，也在《老年之友》上发表。大家认为说得实在、好学好用。

同样，分行组织的活动，张长玉都积极参加，唱歌、跳舞、游览、棋牌等活动。在2009年总行老干部局在西安召开的"祖国颂"老年诗歌演唱比赛中，张长玉参加江苏代表团的《红梅赞》，获得"最佳风采奖"。

2009年参加总行诗歌演唱——红梅赞（右三）

张长玉觉得老人需要心态好，不要自己与自己过不去，"淡泊名利"，过去的事过去了，要向前看，不比较；要多学习，多关心国家大事，看看每天新闻大事、好事、新事。

不知不觉几个小时过去了，夕阳西下，她送笔者到门口并一直叮嘱要注意安全，并告诉如何抄近路去地铁站。望着和蔼可爱、慈祥的阳光老人，笔者默默地祝福她健康、快乐、长寿。

（记者：王峰）

火红年代　美好回忆

——中国人民银行南宁中心支行副行长周元元工作感悟

周元元

1957年出生，金融学博士，高级经济师，现任中国人民银行南宁中心支行副行长。

1996年6月，担任中国人民银行广西分行外汇管理处处长。

1998年11月，担任中国人民银行南宁中心支行副行长兼国家外汇管理局广西分局副局长。

南疆的元旦，虽仍有丝丝寒意，但柳丝条上已挂满米粒大的绿芽，梅树枝头上绽放一簇一簇的花朵。啊，又一个新年春天即将来临。屈指一算，我已在人民银行的岗位上度过了30个春天，这期间，经历了人民银行体制改革、外汇体制改革等多项重大改革，切身感受中国金融业的蓬勃发展，也体验了改革后所发生的巨大变化。回首往事，感慨万千。

20世纪80年代末，我进入人民银行，曾在外汇会计、综合信息、贸易非贸易、外汇检查等多个岗位上工作过。无论在什么岗位上，自己都兢兢业业，踏踏实实干好每一件事。多次被评为先进工作者。在干好工作的同时，我注意不断提升自己的理论素养和领导水平。2004年考上了西南财经大学金融学博士研究生，经过4年的刻苦学习和严格考试，顺利拿到了金融学博士学位。此外，我还注意结合工作实际，在理论上开拓思路，先后撰写了30多篇理论文章，分别发表在《金融研究》、《中国外汇管理》、《金融时报》等核心刊物上，多篇论文获奖其中两篇论文获广西省级社科二等奖。由于自己工作的努力，在党委的培养教育下，在同志们鼎力支持下，1996年6月，我走上了领导岗位，担任了中国人民银行广西分行外汇管理处处长。1998年11月，担任人民银行南宁中心支行副行长兼国家外汇管理局广西分局副局长。工作忙了，肩上的担子更重了。自己分管过外管、办公室、法律事务、国库、征信、人民币跨境管理、后督、支付结算、离退休干部管理等多项业务。无论分管哪项业务，自己牢记"廉洁奉公、勤奋敬业"八个大字，认真地钻研，勤奋地工作，都取得较好成绩，多项工作在总行的年度考核中，被评为A级单位。受到大家的赞许，没有辜负领导和同志们的殷切期望。

担任领导职务后，自己虽然分管过多项业务，都留下美好的回忆。但印象最深刻的还是分管征信工作，征信业务是人行2002年开展的一项新业务，工作难度很大，自己操心也最多，个中的酸甜苦辣令人回味无穷。从企业非银行信用信息数据收集到推进中小企业信用体系建设和农村社会信用体系建设，从推动地方社会信用体系联席会议机制搭建到社会诚信宣传体系的形成，在很长一段时间内，都需要当地人行发挥主观能动性，积极协调政府和有关部门给予配合。为此，我带领征信口的同志们，跑基层，找政府，想方设法积极拓展。当时，一些地方的政府相关部门对征信工作很不了解，以为我们是搞产品推销的，给的脸色很不好看，受到的委屈真不少。然而，我们迎难而上，加大力度，较快打开工作局面。广西的征信工作走在全国前面，受到人总行的表彰，被中国人民银行原副行长苏宁称赞为"广西模式"。

在做好征信日常工作的同时，我经常思考，如何使征信业务更好地贴近群众，服务于地方经济发展呢？2009年初春，我带着征信处处长深入广西马山、宾阳、兴安等县做农村金融服务情况调查，发现当地农民贷款难问题比较突出，农民兄弟热盼贷款的眼神使我久久无法忘怀。而造成农民贷款难问题的一个重要因素，就是涉农金融机构与农民的信息不对称，信用环境缺失。广西是农业大（省）区，农村人口占绝大多数，改革开放以来，农村经济虽然有了很大的发展，但总体来说，经济还比较落后，农民收入水平偏低，因此，如何促进农村经济发展是当前广西面临的一项重要课题。而农村信用体系建设正是优化和改善农村金融生态环境，引导金融机构资金流入农村地区，促进农村经济社会发展的有力推手。同年6月，时任全国人大委员长的吴邦国同志到广西田东考察作出了关于"以田东县为试点，破解农村金融服务难题"的批示。为此，中支党委决定以广西田东县为示范点，全面推进农村金融服务改革，并决定由我牵头组织。为掌握第一手材料，我带领相关同志三次深入田东村头地间，摸情况，查数据。调查发现：田东县作为国家级贫困县，长期以来农村金融的规模、功能与推进建设社会主义新农村建设要求差距很大。存在金融体系建设不健全，农村金融网点服务覆盖面窄，信贷产品创新不足，农民贷款满足率低等突出问题。然而，农村金融服务改革千头万绪，关键是要选准突破口。根据田东县实际情况，我们认为，农村信用体系建设是各项改革的基础。为此，我们确立了以农村信用体系建设为核心内容，撰写了"强化一个指导，完善两个机制，构建三个体系"的总体方案和确立了"实现一个目标、落实两项要求、坚持三项原则、把握四个要点"，全面推进田东农村金融服务改革的工作思路，并制定了全方位、多层次、整体规划、逐项推进的工作方案。明确了注重发挥地方政府领导和其他相关部门的协调配合作用，积极整合各类金融资源，着力构建田东县农村金融服务改革整体合力工作方式。

在推进田东县农村金融改革试点工作中，我们发现田东县农村信用体系建设存在着各涉农金融机构与农户信息不对称、评分标准不统一、评级结果服务范围小、农户信息不能共享而无法满足农民便捷贷款等问题。因此，我们在借鉴农村信用联社原有农户评级系统的基础上，根据"政府推动，人行主导，部门参与，各方受益，

火红年代　美好回忆

265

服务三农"的原则，确定了统一规划、统一标准、统一行动，横向到边、纵向到底工作要求，制定符合地方实际的评分标准和评价指标体系，开发具有地方特色且实用性强、操作简便的田东县农户信用信息采集和评级系统。并建立农村信用体系建设三级联动机制，县政府与乡、乡与村分别签订了农村信用体系建设工作目标责任状，将工作纳入各级党委政府的年度目标考核内容。督促各涉农金融机构结合自身实际，对信用户、信用村、信用乡（镇）制定相应的贷款优惠政策，实行"贷款优先、额度放宽、手续简便、利率优惠"等措施，使守信农户得到更多的融资便利和实惠。督促政府制定出台信贷支农的扶持政策，激发各涉农金融机构的支农积极性。出台了《田东县小额农户贷款风险补偿办法》，对辖区金融机构的支农贷款实施风险补偿，化解贷款风险，提升涉农金融机构的支农积极性。由县政府出台《田东县农村信用体系建设督查方案》，确定督查目标，并不定期对各乡进行督查，发现问题及时整改。

为了使改革顺利推进，我一年内到了田东县八次，具体协调和指导相关工作的开展。2010年1月21—24日，全国人大牵头人民银行总行、银监会等部委组成联合评估组，对田东县农村金融改革试点情况进行总体评估，评估报告认为田东县农村信用体系建设很有特色和成效。田东经验得到了原全国人大吴邦国委员长八次批示，也得到全国人大农委王云龙主任、农办陈锡文主任多次批示肯定。目前，田东县社会经济发生明显变化。农民增收的幅度连续几年排在广西第一，在广西县域科学发展综合评比的排名由78位上升至第6位，城镇居民可支配收入同比增长12%；农民人均收入同比增长14.78%。田东县农民所享受到的金融服务数量和质量发生根本变化。农民的金融意识明显提高。通过将农户信用评价结果在本村张榜公示和指导金融机构对信用户、信用村（镇）实施贷款优惠政策，促使广大农户对自身信誉高度重视，农民的信用意识和道德规范，促进了社会主义新农村建设。农户信用贷款额度从3万元提高到10万元，审贷时间从1个小时缩短到10分钟，实现信用户"贷款优先、利率优惠、手续简化"的便利。2011年12月田东县获批成为国家农村改革试验区。2012年12月获批成为国家现代农业示范区。2014年被人民银行总行命名为全国农村信用体系建设示范县。2014年4月4日中央电视台新闻联播进行了专题报道。

以农村信用体系建设为切入点的田东农村金融服务改革试点模式在广西乃至全国产生了积极的示范效应。目前，田东模式被广西壮族自治区政府推广到全区30多个重点县。农村信用体系已为全区450多万农户建立信用档案，给350万农户评定了信用等级，分别占全区农户数的43%和41%。以农户信用档案为基础，全区建立信用组1 368个、信用村382个、信用乡镇33个，信用县3个。各金融机构为信用农户发放贷款460.4l亿元，农户贷款满足率达72%。有效加大对农村经济的金融支持力度，缓解农民贷款难问题，促进农村经济的发展。

抚往追今，年华如水。自己在30年征途上，遇到了许多困难，流了不少汗水，但也收获了许多喜悦，自觉无愧于"央行人"这一光荣称谓。也许是多年的职业性质使然，锤炼了自己的恬淡的性情和宽泰的心境，淡泊世事、不惊荣辱。多年来，无论是在普通员工的岗位上，还是在领导岗位上，自己都保持着"人如秋水淡，诗如夕阳红"的超脱。在中国金融改革的道路上，也许我只是一块砖，也许是一棵小树，但只有我们刻苦努力，一往无前，就能为中国金融业的发展添光加彩，迎接更加美好的明天。

大瑶山里走出来的金融管家妹

——记中国农业发展银行广西分行赵文秀

赵文秀

　　瑶族，广西壮族自治区金秀瑶族自治县人。1951年3月出生，1971年毕业于金秀瑶族自治县共产主义大学，同年参加工作，1971—1981年在金秀瑶族自治县任教，1981—1984年在中国农业银行合山市支行工作，任记账员、会计股副股长，1984—1986年在中国农业银行柳州中心支行会计科工作，任科员，1986—1994年在中国农业银行广西分行行政处工作任主管会计；1993年3月获银行会计师职称资格，1994—2006年4月（退休）在中国农业发展银行广西分行工作，1998—2000年任中国农业发展银行广西分行财务管理处副处级干部，2000—2006年任中国农业发展银行广西分行机关服务中心副总经理。

　　赵文秀是广西金秀瑶族自治县大瑶山里的一棵小草，"萌芽"于1951年金秀大瑶山和平解放之时。在党的民族政策的阳光雨露滋润下茁壮成长为一位金融行业中有一定金融技能、管理领导能力、有会计师职称的处级干部。

　　她形似"渴望"照片中求知欲极强的八岁瑶妹，在进山援建干部的动员鼓励下，入学读书，直至中专毕业，都是国家资助免费的。读书毕业后曾在瑶山深处的小学任教十年，在1982年调入银行工作直至退休。

　　瑶家自古以来只有语言没有文字，解放初的瑶山，几近于刀耕火种、以物易物、铸币交换的社会环境。一个家庭贫困到经常一个"东、西毫"（小额的银铸币）都找不到的瑶妹，从1982年放下

教鞭到拿起算盘与数字打交道，初次接触成千上万元的钞票。整个房子（库房）的钱，眼都傻了。这么多的钱，是国家的钱、人民的钱，让自己来管，今天真正感到了瑶家人确实是做了国家的主人。从那时起她就知道责任重大，决心要学习好金融业务，为国家为人民管好钱。

方向已定、决心已下，她义无反顾，一心扑在工作上。记得刚转行从事金融工作之初，隔行如隔山，工作不知从何入手。看见银行老同志的手指在算盘上下翻飞，一大堆的数据不一会就算好了，一长串的阿拉伯数字写起来如行云流水，漂亮极了，羡慕得很。而自己拿惯教鞭的手去弄算盘，一拨二粒珠子，十个阿拉伯数字自己在学生的作业本、在黑板上每天不知写上多少遍，而要按银行的书写要求进行书写，差距还真大，感触良多。一切得从头开始，她专心地向内行的同事请教，刻苦学习。从学习书写阿拉伯数字、"一上一"学打算盘、练习点钞的基本功着手，到审核传票，正确记账、结账，汇总平衡等业务。一步一个脚印走来，逐步具备银行工作的基本技能，这才迈开了从事银行工作的第一步，慢慢胜任了记账员、出纳员、会计综合员的工作。升任柜台主管、会计股长后，特别是调到农行柳州中心支行会计科工作后，对她自己银行会计工作有了更高的要求，工作中的管理控制、指导帮助的成分增加了，不仅要求做好自身的具体业务，还要领导本部门的同志一道，完成行领导交给本部门的工作任务，在领导机关还要有指导基层行做好会计工作的能力。她扪心自问一个非银行科班出身又半路"出家"的瑶族姑娘具备领导别人做好工作的能力吗？上级领导的信任，同志们的支持，自身高度的责任心是做好部门领导工作的基础。在行领导的具体传、帮、带的指导下，她团结本部门的同志以管好钱、管好账的高度责任心去工作，终于胜任了领导岗位的工作，在会计副股长的岗位上本部门连续两年会计出纳的差错率均控制在总行统一要求的指标内，部门也被评为先进集体。在农行柳州市中心支行会计科工作期间也被评为先进个人。

　　1986年调农行广西区分行行政处任机关会计主管。接管工作后她发现前区分行机关会计的账务长期存在总分不符、科目错用、不设报表，不按规定日清月结等严重问题。就存在的问题向有关领导汇报后，在领导的支持下，她运用熟练的银行会计技能，一边坚持日常工作，一边利用工作时间空隙，甚至假日加班加点，花近两年时间重新整理了区分行机关前任会计近六年的账务，纠正长期以来总分不符，账款不符、账实不符、核算科目使用混乱的错误状况，共查出错账207笔，金额140 889元，严格按银行会计制度要求重新建账建制，日清月结、每日账款核对、总分核对，做到账账、账款、账据、账实、账表、内外账全部相符；使分行机关的财务会计

工作从此走上正轨，其管理的做法一直沿袭下来。得到处室领导和全处同志们的好评，在职称评定时，评委一致通过了其会计师资格的认定。

　　1994年调任中国农业发展银行广西区分行行政处工作，后任区分行机关服务中心副总经理。建行初期一切的管理从零开始，自知自己管钱管物的责任重大，她从管理工作最基础的建章建制工作抓起，吸取以往的有效管理经验，参考了大量有关的银行行政管理的制度办法，组织制定了适合本行实际情况的物品采购、财务管理、汽车使用、固定资产、低值易耗品登记管理等有关十多项制度和规定，很快使农发行区分行的行政后勤管理工作有序进行，行政管理工作走上了有效管理的轨道，各二级分行的机关也参照区分行的制度执行。广西实行"房改"政策时，把握政策执行的准确性难度和工作量相当大，她夜以继日地组织收集整理资料，与"房改"管理

部门多方联系，请求支持，还给资金上有困难的员工联系贷款解决困难，历时两年多，给区分行80多户员工建立了住房档案、办理了房产证、土地使用证，区分行机关也是首批办理了房改房产证的单位，使大家"安居乐业"。既管理好机关的"大家"，又管好了员工的"小家"，得到区分行机关员工的高度赞扬。

她从事金融工作25年，从当初对金融知识一无所知的大瑶山的瑶族女孩，到成长为金融管理工作的行家里手，是她人生的升华与巨变，是在党的民族政策的阳光雨露滋润下盛开的一朵金融之花。

平凡人生路 求索无止境
——记中国人民银行昆明中心支行陈青

陈青

　　1956年生，1984年毕业于四川财经学院金融系金融专业，1995年获西南财经学院货币银行学硕士学位。1994年被确认高级经济师任职资格。1974年高中毕业下乡，当过知青、仓库管理员。1984年进人民银行系统，长期从事外汇管理工作。1991年以来先后任人民银行云南省分行调剂中心负责人、外汇管理业务办公室主任、国际收支处处长等职务，现为人民银行昆明中心支行调研员。履职期间，绩效突出。2005年和2007年被人民银行总行和全国妇联分别授予"巾帼建功标兵"荣誉称号，所率处室先后获得云南省妇女联合会"云南省'三八'红旗集体"和全国金融系统"学习型组织先进班组"等称号。

　　已近退休的她，一生的工作生涯即将画上句号。大学毕业后已在云南边疆金融战线上工作了近30个春秋，担任处级领导17年有余。她凭着一股认真劲，处处身先士卒，勇揽责任，率领职工扎实工作，不断建树新功，她率领的团队曾荣获"云南省'三八'红旗集体"，全国第二届金融系统"学习型组织先进班组"称号，本人荣获全国"巾帼建功标兵"称号。如果用一种花来描述她的性格和一生的历程，可能梅花更确切一些。有描述为：粉红色的梅花，虽没桃花杏花的娇艳，以孱弱之躯，却敢与凄风争日月，甘与苦雨斗严寒。不造作，不退却，历尽艰辛，给大地争来生机盎然的艳阳天。梅花是不会颂扬自己高洁的，她默默到来，默默离去……瘦弱娇小不起眼的她，坚强、平和、谦虚、不屈不挠、朴实无华、永远向前。

　　她，就是陈青。

一、确定人生路

　　陈青出生在一个书香门第的家庭，生长在省级机关大院，父母亲都毕业于当时有名的大学。由于家庭教育的熏陶，她从小就属于听话、胆小的"乖孩子"。1969年，陈青上小学六年级，随着母亲从昆明到了红河州蒙自县草坝"五七干校"，随后又一起下到当地农村插队落户。1972年末，母亲单位落实政策，又随母亲转学到昆明师院附中读高中。1974年，陈青高中毕业，按照当时国家知识青年到农村去的政策，下到了昆明呈贡县马金铺公社横冲大队插队落户。那是一个半山区，当时交通不是很便利，从公路走进去，大概要走两个多小时。在那个年代，由于母亲家庭出身的问题，对自己脱胎换骨式劳动改造方式也延续到对孩子的教育。因此，在她身上更多体现出坚强和坚韧，而少见女孩身上娇柔的一面。两段农村生活经历，对她艰苦奋斗、厉行节约的工作生活作风形成，对她认真做事、诚恳待人、懂得要珍惜生活中的每一个机会，打下了良好基础。

1977年初，陈青在所插队农村生产队队长的推荐下，进了省物资局下属的机电公司一级仓库当库管员，记账并负责开行车。同年，国家恢复了高考制度，面对人生道路的重大选择，陈青的父亲给予了她不少的指点和帮助。在父亲的鼓励下，经过三次高考，1980年她终于考入四川财金学院金融系金融专业学习。四年学习毕业后，陈青被分配到人民银行江苏连云港支行工作。1985年8月，她响应云南省政府的号召，支持边疆建设，到了人民银行云南省分行，一干就近30年，在外汇管理岗位上一直以爱岗敬业的态度，努力学习、实践，兢兢业业、踏实认真做事。

二、探寻与追求

20世纪80年代以来，是我国改革开放不断深化的过程。是外汇管理经历了从经济转型时期的计划与市场相结合调整时期。1994年建立社会主义市场经济后外汇管理体制的重大改革，以及不断完善市场体制的外汇管理时期。在陈青近30年的工作经历中，跟随着时代的步伐，在党和中央工作方针的指引下在不断地学习和实践中，不断成长和提高。她先后从事了经常项目、资本项目管理，外汇检查及国际收支统计管理等工作。1986年，省分行任命她为外汇管理业务办公室非贸易科副科长，1989年任命为外汇管理业务办公室外汇管理科科长，1992年任命为云南省外汇调剂中心副主任（主持工作），1993年任命为云南省外汇管理办公室副主任，1997年任命为云南省外汇管理办公室主任。1999年，人民银行体制改革，省市分行、外汇管理部门合并，先后被人民银行昆明中心支行任命为外汇管理处处长、国际收支处处长。

1992年云南外汇调剂中心的同志们在一起学习

（一）金融外汇监管路上认真履职

一位前任的国家外汇管理局局领导曾说过：外汇管理工作是神圣而伟大的，能够为国家把守资金大门的安全，应该感到自豪和骄傲！是的，外汇管理是国家宏观经济管理中的重要组成部分，她牢记此重任，并为能在这样的岗位上工作感到荣幸！

1985年，陈青初到人民银行云南省分行，正值云南外汇管理分局从省中国银行划归到人民银行初期，人员总共还不到10人。按照领导的安排，她主要从事非贸易外汇管理，以及外汇检查工作。当时由于外汇资源短缺，旅游市场外汇兑换管理存在不规范，外汇检查工作主要集中在宾馆饭店收取外汇兑换券单位。当时整个中国的法制观念在人们大脑里还很淡薄，检查工作的开展还处于起步阶段，制度还处于建立和完善阶段，在社会上不被人们所接受，检查工作很难开展，常招人白眼、吐槽，谁都不愿去干。对此，陈青坚持按照上级的要求，带领科室人员，学习拟制检查方案、通知、处罚决定等，在实践中边学边干，认真履职，积极开展工作。伴随着国家社会主义市场经济的建立和发展，法制经济建设不断加强和完善，外汇检查工作逐步走向法制化和规范化。

1995年，围绕巩固和完善1994年我国外汇管理体制重大改革成果，督促金融机构建立健全风险控制机制，加强自律管理，确保外汇业务健康发展，同时也是配合全国打击走私、骗税等违法犯罪活动的需要，国家外汇管理局从全国各分局抽人，组织了对当时处于改革开放的前沿——广东辖区金融机构的外汇业务合规性检查。陈青作为业务骨干被抽调参加了此次检查活动，并指定负责顺德农行——当地外汇业务量最大的银行——的检查工作。工作中，她克服了当时胆结石病痛和内地与沿海业务较大差距形成的业务不熟等困难，和来自福建、青岛的同志一起相互学习，共同努力，较好地完成了检查任务。

1998年，受亚洲金融危机的影响，人民币汇率经受了前所未有的压力，针对全国外贸顺差不顺收的状况，国务院决定在全国开展专项外汇检查。对此，按照上级的部署，陈青精心组织了全省的专项检查工作，对以假单证向银行骗购、套用国家外汇的违法行为进行了打击，圆满完成所辖银行和企业的专项检查任务，被国家外汇管理局评为当年专项检查的先进个人。同时，她的工作认真和负责，严格按原则、按程序秉公办事，依法办案，注意在工作中不断学习、实践，积累实际经验，熟练掌握政策法规，得到了总局的肯定。1997年国家外汇管理局根据国务院决定修正并重新发布了《中华人民共和国外汇管理条例》，对之前的上百余外汇管理法规、规章和其他规范性文件进行清理，并组织人员编制、整理了《中华人民共和国外汇管理法规汇编》（1949.10.1—1997.10.31），以便于外汇管理工作人员、外汇从业人员，以及社会各行业准确了解外汇管理法规，她被抽调参与此项工作，成为编委之一①。

（二）经济改革过程中的思索与实践

1990年，随着国家经济建设为中心战略的转移，边境口岸的对外开放，地处祖国西南边陲，与越南、老挝、缅甸接壤的云南，开始了边境贸易的较快发展。由于双边边境的地区经济金融的相对落后，其中涉及边境贸易往来中的资金收付及其往来方式都有别于一般贸易，由此带来了双边本币兑换、人民币在边境的跨境使用等问题。如何界定边贸和规范其外汇管理，当时在管理上也处于空白。对此，陈青多次到云南边境地区，结合实际，开展调研，向相关部门了解政策，将自己对边贸的定义和相关做法，及资金流动监测等总结归纳，并对边贸外汇管理提出了不少积极建议。如她对我国与东南亚三国边境贸易的外汇管理经验的总结整理，被总局1990年组织编写的《中国外汇外债管理实务》采用②；又如，她的《人民币周边流通分析》、《云南与东盟国家总结流动和结算的对策研究》、《疏堵并举，综合治理地摊银行》等多篇调研文章，分别被《中国外汇管理》和总局《外汇管理信息与调研》刊物采用。

1991年，陈青被调到云南外汇调剂中心负责工作。在近三年的时间里，她带领中心的同志，认真研究并发挥外汇调剂中心在外贸体制改革，促进出口贸易发展中的作用，为企事业单位相互间买卖外汇提供服务。针对全省外汇分布集中，外汇需求和拥有外汇的主体不一致的情况，认真研究如何运用外汇调剂价格达到调剂外汇余

---

① 《中华人民共和国外汇管理法规汇编》（1949.10.1—1997.10.31）（中国民主法制出版社出版）。

② 《中国外汇外债管理实务》（中国金融出版社出版）。

缺、弥补企业亏损，调动部门、企业的创汇积极性，促进外贸承包经营责任制的顺利推行和外贸出口的稳定增长，促进外汇资源合理配置，提高外汇使用效益。为使需求双方满意，她加大协调工作，将行政指导与市场调节相结合，并带领中心人员和相关部门人员到上海等地考察学习，参观公开市场操作程序，对其利弊进行了分析和思考，结合本省情况，尝试公开外汇交易方式，对通过调剂业务更好地支持经济发展和发挥价格杠杆作用作了积极的探索，为支持云南经济发展做出了努力。在实践中，她的业务水平和工作能力得到了很大提高。1993年，国家外汇管理局组织编写《外汇管理业务操作指南》，并指定她负责第十四章"外汇调剂管理业务操作规程"的编写。

1993年云南首次公开市场上陈青与相关部门领导一起畅谈

（三）求索无止境

2010年底，按照相关制度，陈青退居二线。2011年，按照总行《关于处级女干部退休年龄问题的通知》，她主动申请延长退休年龄，并依然对工作保持着那份执着和认真。

中国金融之花

2010年，国务院正式批准云南成为跨境贸易人民币结算试点，这对地处面向南亚、东南亚对外开放和人民币区域化前沿的云南省有着重要的战略意义。对此，省政府高度重视，成立了常务副省长挂帅，其他两位副省长和相关政府部门负责人组成的领导小组，负责全力推动此项工作，并下设办公室于人民银行昆明中支。2011年，为加大工作力度，昆明中心支行党委成立跨境贸易人民币结算领导小组，并从相关处室抽调人员设立了办公室（以下简称跨境办），具体负责组织实施跨境人民币结算，承担领导小组日常工作。因为陈青长期的工作经验，特别是对云南涉外经济管理工作的熟悉，领导决定安排她到跨境办负责。

早在20世纪80年代，伴随着边境贸易的开展，云南就逐步出现人民币跨境结算。到90年代末，边贸人民币结算已较普遍，但由于相关的政策限制，在一定程度上抑制了跨境人民币结算的发展，并对边境地区经济有序发展带来了一定问题。围绕如何满足市场需求，推动地方经济发展，支持人民币跨境结算，云南分行作了不少的调研和呼吁。作为其中一员，陈青也在实践中不断探索和努力着。2005年6月，组织派她参与了缅甸商务、财税、运输、畜牧水产部门在木姐①举办的贸易发展研讨会，会上她代表人民银行表明了积极支持双边边贸发展的态度，并就双边银行结算和管理进行了政策宣传和企业的答疑，对缅方财政部官员提出的双边人民币结算进行了沟通和交流，与其达成了共识，即双方商业银行间的结算业务合作，须在两国中央银行间的结算合作协定框架内进行。会后，对缅甸外贸和结算的变化情况及需求进行了分析，并及时将其急于与我方边境地区银行建立结算关系的意图上报了总行，提出允许缅

---

① 木姐是缅甸与云南瑞丽相邻、与中国贸易规模最大的一类国家级陆路口岸。

方银行开立人民币、外汇账户，从战略角度研究边境地区银行对其开展离岸业务的可行性，进一步放宽人民币现钞出入境限额，以方便双方边民贸易交往，促进中缅贸易和推进人民币国际化进程等建议，得到人民银行总行"很具决策参考价值"的赞誉。同时，缅甸央行很快与人民银行总行取得联系，引起人民银行总行高度重视。2006年11月，人民银行总行指派陈青参加了仰光的中缅林业矿业合作第二次磋商。目前，尽管由于多种原因，中缅央行合作协议至今还未签订，但滇缅人民币结算已占全省结算量的20%~30%，在与全省开展业务的所有国家地区中排第二位。

在领导的支持和大家的共同努力下，跨境办依托云南省区位优势，紧抓云南与周边国家经贸往来快速发展的纽带，加大政策宣传培训，协调解决企业、银行在业务开展中的实际问题，推动双边商

2006年仰光：中缅林矿业合作第二次会谈

业银行间业务合作，疏通银行结算渠道，实现了全省跨境人民币结算快速发展。2011年12月19日，在全国统一的银行间外汇市场交易平台上，人民币对泰铢银行间市场区域交易正式启动，促使全国首例人民币对非主要国际储备货币在银行间市场区域交易的全新模式在云南落户。他们所做工作得到了总行的认可，2013年，人民银行总行对云南省跨境办授予先进集体称号。

2008年人民银行昆明中心支行转授

三、平凡建功业

对陈青而言，工作始终是一种责任，认真做事已成为一种习惯。她认为：公文的拟制，哪怕是一个通知，都体现着一个部门，乃至一个机关工作水平和外部形象；任何一项工作的开始，必须有始有终，定下的原则必须前后一致，要求他人做的，必须自己先做到……这些都是她最基本的工作原则。在近三十年的工作生涯中，她不论在什么样的岗位上，都把认真履职作为己任，对忙忙碌碌的机关工作、日复一日琐碎而平凡的事，都默默而十分用心地尽可能去做好！不计名，不计利！

她也是为人妻为人母为人女的平凡女人。她说，记得一次因开会太晚，到幼儿园接女儿时，大门已关，待敲开门接到一脸委屈的女儿时，真的很内疚！即便在女儿大学出国一年回家一次，她也经常因出差或工作而没能多陪女儿几天！当然，她也尽可能做一些家务，节假日陪老人到公园，和家人一起散步、购物，尽量处理好工作与家庭的关系。

她深知要适应社会进步和时代发展需要，就必须不断完善和更新自我，活到老，学到老。调研分析工作是理论联系实际，学以致用的最好体现。她注重在实际工作中，紧密结合地方经济发展变化，积极开展调研：对边境地区银行边贸结算、"地摊银行"治理问题，组织开展调研；参与人民币区域化与边境贸易结算研究：中越、中老、中缅方案研究，执笔撰写或组织撰写《从银行业的角度看企业"走出去"——云南银行业应对"走出去"战略的思考》、《云南边贸结算、核销存在的问题及有关建议》、《建立外汇资金流动监测体系，掌握外汇资金流动情况》等。其中有的在总行荣获重点研究课题奖，有的被国家外汇管理局《外汇管理信息与调研》或对外公开刊物采用，其中一些观点建议被地方政府部门采纳，所在处室信息调研工作始终处于昆明中心支行信息调研评比前列。在实践工作中，她注重业务能力的不断提升。1987年，人行分行专业技术职务评委会评审确认她经济师任职资格，1994年，人民银行总行确认她高级经济师任职资格，1995年，西南财经大学授予她金融系货币银行专业的货币银行学硕士学位；2005—2008年，她被聘为

"云南省经济专业高级经济师职务评审委员会"专家库委员。她用踏实的工作和不变的热忱赢得了领导和同事们的赞许，2003年以来，曾被人民银行成都分行、昆明中心支行评为"巾帼建功标兵"、"优秀共产党员"；2005—2006年先后获中国人民银行和全国妇联授予的"巾帼建功标兵"荣誉称号。

作为一个业务部门的带头人，陈青十分看重团队的力量，坦诚待人，关心他人，与大家保持良好的沟通，互相深感被尊重和重视。她深知"三人行必有我师"的道理，形成相互学习和共同分享工作、学习和生活之心得的好习惯。每天早上，处内形成了"英语角"，她积极参与和支持，和年轻同志一起学，大家共同分享、交流，不仅增强了学习的趣味和知识性，形成了处内尊重知识、尊重人才，讲正气，讲学习的良好氛围，促进了业务良好发展和职工的进步。对于来自周围同事的意见，她经常反省总结，不断调整工作

方法和完善自我，在不断提高自身行政能力的同时，带领所在处室干部职工认真贯彻执行国家各项方针、政策，开拓进取，加强外汇金融监管，积极服务于地方经济，维护了央行良好的对外形象，得到多方的肯定和好评，形成了具有战斗力和凝聚力的集体，先后获得成都分行"2001—2002年度女职工双文明示范岗"，省妇联2003年"云南省'三八'红旗集体"，人民银行昆明中心支行"2003年先进党支部"及昆明市政府有关部门的"昆明市招商引资工作成绩突出单位"、"外贸促进先进单位"、"协税、护税先进单位"等荣誉称号，并于2007年荣获全国第二届金融系统"学习型组织，先进班组"称号。

三十多年的工作生涯已近尾声，陈青说，我会站好最后一班岗，认真履职。我们相信她会的！

金融资本推动民营企业发展的感悟

——记华商三津投资股份有限公司董事长齐蓟

齐 蓟

华商三津投资股份有限公司　董事长

北京圣华同安新型建材技术有限公司　董事

上海合脉股权投资基金管理公司　股东

1985年毕业于公共关系及市场营销专业，早年曾任国内知名企业董事长秘书，从事公共关系及国际贸易多年，并有着多年的中国教育电视台记者经验。

2002年进入可再生能源研发领域，与欧洲芬兰有着广泛的政府层面和科技层面的合作，担任中芬生态谷开发建设管理公司董事长，并兼任管委会副主任，成功将芬兰的五项环保技术引入中国，并落地实施。

2010年进入华商三津投资股份有限公司，担任执行总裁。2013年，任董事长。

2011年获第四届"创业中国"十大低碳人物。

2013年，担任上海基金管理公司领导人之一。

她叫齐蓟，是华商三津投资股份有限公司的董事长，当我们与她交流说希望她能够把自己这么多年在企业中担任领导对企业和金融之间关系的一些感悟贡献出来，看是否对现在民营企业领导人有些帮助时，她欣然答应并说："我很愿意把这几年企业在发展中由于对金融资本理解不够所走过的弯路，以及被金融专家启示帮助之后企业才踏出一条路的经历与民营企业领导人分享，希望能够对正在经历着和我们曾经一样纠结的他们有所帮助，哪怕只是一点点。"

一、她是一个放养长大的野小子，造就了她独立坚强不认输的性格

齐蓟（现用名）生于20世纪60年代初，赶上了节约粮食年代的一个尾巴，在她的记忆里每天吃的是玉米窝头，零食也是窝头，大她两岁的姐姐从小体弱多病，本应该吃奶的她却因为姐姐没奶吃。妈妈因既要照顾姐姐又要照顾奶奶以及一家七八口人的生活已无力关照她，只好把她送回了老家由姥姥带大。很小的时候就听家里人讲齐蓟在妈妈肚子里的时候就已经提前许诺给一个无法生育的人家，如果是女孩子就送人。她和我们交流说："现在她知道了人体细胞是有记忆的，好像从妈妈肚子里就知道未来的路只有一个人走，不能依赖任何人。"从1岁到7岁，她在老家和姥姥姥爷一起生活，那时的农村没有电，每天都用煤油灯，一个月用面汤洗一次头已经不错了；厕所没有纸，墙角是一堆土块，虱子、臭虫满坑；喂猪吃的是煮胡萝卜和糠。高粱米是她的最爱，每天从早到晚都是和舅舅家的几个表哥一起玩，生茄子、生豆子、生麦子、生花生就是

零食，这就是她童年的记忆。快到7岁时她回到了妈妈的身边，却已和妈妈没有了亲近感，和妈妈睡一床不敢动，生病了也不敢说。从老家回来后除去打预防针基本上没有生过病、受过一次重伤。和小朋友淘气墩坏了骶骨好长时间走路都痛，怕妈妈生气也不敢说，导致骶骨错位，现在都和正常人不一样，这就是她的童年记忆。回北京后，她是在哥哥的屁股后面长大的，似乎爸爸妈妈就是给予了生命保证吃饱穿暖而没有任何陪伴，因为他们正忙于养家糊口，照顾病中的奶奶和体弱多病的姐姐。小时候的经历让她从内心深处希望引起爸妈对她的关注，也许学习好，做好孩子、好学生就能引起爸妈的重视，因此她从上小学一年级起就是班里的最高领导一直到高中毕业，她也是老师眼里的好学生。现在回忆起来好似从妈妈肚子里就做好独立闯世界的准备了，以至于升学、工作、离职、结婚、离婚从没和家里人商量过，都是一个人做主，再大的难事自己扛，再喜乐的事也很少与家里人分享，但她比较幸运的是四十几岁之后却依然享受着爸爸妈妈哥哥姐姐等家人的关爱。

二、工作十年后选择了独立闯世界

20世纪80年代初走上工作岗位后第一份值得骄傲的工作就是在国内某著名化妆品厂从创立就担任厂长贴身办事员，现在该叫秘书。凭借自己的努力和玩命地工作得到了领导的肯定和认可。当时她所在的工厂是第一家在中国电视台做广告的工厂，是第一家把化妆品公司开到国外的企业，也是第一家国企成就了百万元户员工的工厂，是第一家职工代表可以弹劾厂长的企业，并在全国推广第一批使用苹果863电脑并有独立的机房做到每一个角落都能监控的企业，当时的北京市市委书记市长经常去参观，大多由她负责接待，当时的市长评价说通讯设备超过了市长办公室，同时日本合作伙伴评价企业的发展速度超过了日本。正当企业如火如荼地发展时遇到了载入历史的"6·4学生运动"，由于当时他们的工厂是全国招收大学生最多的工厂，学生的一些不冷静行为影响到了领导班子，工厂的领导团队纷纷出走，齐蓟也于1991年离开了让她付出了青春的工厂，第一个办理了停薪留职，开始了第一次创业，当时她的孩子只有几个月大。

从1991年到2002年，又是一个十年，她自己办公司，带研发团队搞研发，有过辉煌，有过挫折，曾经将自己创业的全部积蓄拿出来搞研发并开发出可再生能源项目，由于项目的超前推翻了传统书本知识，在中国专家评审中无法找到依据，又没法找到天使投资人，无奈她被芬兰科技局请走，希望将此项目留在国外，而有着浓浓的爱国情怀的她又被科技部门有关领导叫了回来。目前她仍是专利技术的发明人，又是一个十年的锤炼让她明白了哪些事可为，哪些事不可为，特别是在中国特定的体制之下。

齐蓟（右一）与国务院石定寰参事在一起

三、又是一个成长的十年

从2001年至2011年又是一个十年，为了搞研发维持整个研发的费用几年间就耗尽了全部积蓄，最终项目在北京某科委立项，五十万元科技奖励费历经一年半通知她领取时已经打了一半折扣。有无数的VC找到她，但合作的前提是交出所有技术配方，包括一些著名的大学教授提出的条件都是技术必须交底，否则不会向国家有关部门推荐，而她的研发团队又不能同意这样的要求，这时的齐蓟更多的思考是为何一个这么好的项目不能通过专家评审，一个根本原因就是我们完成初试离产业化有距离，走产业化之路的投入资金又无法解决，当时的想法就是一个字"钱"。

正在这时她在一个学习平台上结识了一批企业领导人，很多企业都遇到了瓶颈，特别是做传统行业的都希望找契机转型或整合资源互补，在与这些企业家沟通的过程中，他们一致认为齐蓟是一个有思想、有担当、有责任感的人，特别是当时华商三津投资股份有限公司的创始人杜总，他希望把他们2009年注册的一个三个亿资本金的投资公司交给齐蓟，由她牵头整合一些志同道合的企业进来共同发展壮大，做一些事情。

2012年初经历了一次次与各地政府的交流和几家公司的竞争终于签下了山西的政府项目，整个过程中她带领团队一次次和政府谈判，从不懂一级土地开发、不懂地产、不懂金融到项目的最终落地实施，目前的投资已达7亿多元。整个过程中，团队的成长、她个人的成长堪比在实践当中又一次上了大学本科。她记得很清楚，这个项目跟踪了一年多的时间，当时华商三津投资股份有限公司定位于"低碳城市运营商"，这种定位源于团队股东和高管团队每一个人的经历。她在之前带领一个研发团队搞可再生能源的开发；董事长杜安在国内知名的集团公司搞建筑；股东宋海刚日本留学博士回国后在世界500强企业带团队为政府项目做整体策划，创造了国内无数个第一，生态城市、数字城市、智能化城市，在国内到处留下了他的策划方案；股东杨波是在英国留学回来专门学的品牌战略……就是这样一伙人撑起了华商投资的一片天。

齐蓟在签约会上，有科技部原火炬中心主任、现科技创业协会秘书长裴夏生和翟云峰同志。

　　齐蓟说当时她是执行总裁，带领这样一伙人就需要她既要冷静又要有激情，既要感性又要理性。她多年的创业经历让她具备了超强的选项目的能力及敏锐的市场洞察力。当时中国房地产市场受国家宏观政策的控制风险很大，低碳概念正在兴起，但她心里清楚，大多企业只是在炒低碳的概念，甚至在牵强的计算碳排放，而她们坚定了信念，绝不炒概念，能做多少就做多少，尽全力做，她们在选择了国内技术的同时又储备了一些芬兰的技术，在建筑垃圾、生活垃圾、污水—烟气的处理等项目中储备和转化了一批环保技术。一个年轻的公司，资金储备不够却承载了大企业才能承载的项目，四平方公里的土地开发，保证金、土地款等等总投资18亿元，前期至少6亿~7亿元，这样一个从未经历过的项目摆在了团队面前，过去的资金沉淀不够，企业又没有自身的造血功能，团队大多管理人思想保守，没有过与金融资本对接的经历。她意识到这个问题后率先提出聘请专业人员加入团队，于是公司付出了很大代价聘请了金融顾问在上海成立了基金公司。从2011年至今，山西项目已通过金融途径总投资7亿多元；井冈山工业污水处理厂作为参股单位也已竣工；成立了固废处理公司，对各种尾矿及建筑垃圾的处理项目也在逐步落地，并成功发行了第一只环保基金，一期2亿元。三年多带团队的经历让齐蓟感悟颇深，做企业就是做人的过程，做任何事情要顺应自然规律，做对他人对社会有意义的事就能够踩上社会的大势。在这个过程中作为团队的负责人，她已经从执行总裁变为了董事长，从过去做具体事到要把握宏观发展趋势，特别是如何能够把握项目和资本的合理嫁接。她总结说："民营企业贷款难的原因有很多，信息不对称，没有专业的人指导操作，很多民营企业具备了贷款基本条件却不懂银行的游戏规则，也因此没有能力在每一个项目落地之初就对完整的金融路线有一个合理的安排而导致中途资金链断裂，这些问题不断阻碍着民营企业的发展，使他们永远停留在个体户状态。如果民营企业领导没有这个意识，企业想腾飞只是梦想"。因此，她在实践当中意识到金融资本是民营企业成长的助推器，和金融资本嫁接的初始要选好项目，选择国家、社会需要而又不能是国家宏观控制的项目，自己独创的技术既要超前，又不能过于超前，准入门槛不能太复杂，这些都是民营企业选项目的大忌。齐蓟正在规划着华商三津投资股份有限公司的未来，做传统地产项目已被她们砍掉，做健康教育、健康地产是她们长期发展战略。长期、中期、短期项目的合理搭配是让企业不断产生现金流、实现企业和金融资本对接的必走之路。

齐蓟的蓟，是她自己在若干个"ji"中挑选的，也是她最有感觉的一个字，"蓟"就像她的人生。"蓟"是一种生命力旺盛的中草药，它可治病救人，也可无根生根。齐蓟这几十年的成长，从国

美国离子对撞试验专家之一来我公司考察

企领导秘书到自主创业到成为中国十大低碳人物；从总经理到董事长；从不懂金融到敢和金融专业团队搭班子做基金，这一路走来的经历真像是一部中国民营企业的成长史。

在夏威夷可爱岛参加企业家培训

　　当和她说要把她的经历出版在《中国金融之花》一书中，她说："我不是什么金融花，只能说是在花的雨露滋润下成长起来的一颗金融草。"花有花的芬芳，草有草的卓越，草可以朋友遍天下，花和草交相辉映才是完美的自然景象，才符合大自然的规律。也就是说，金融专业团队和像齐蓟这样有着项目实践经验以及把握项目的敏感度超强的人才能让金融资本有了用武之地，才能让金融资本真正成为企业成长的助推器，希望她们的企业能够越走越扎实，让我们拭目以待！

与我国金融改革开放同奋进

——记中国人民银行上海总部

施琍娅

施珋娅

世界经济学博士，金融EMBA，高级经济师，上海市金融学会常务理事。长期从事外汇管理、国际收支、资产管理、国际金融、人民币国际化及自贸区金融政策相关研究。2011年度上海市领军人才。

　　1984年，如火的7月。一个扎着马尾辫，身穿短袖红上衣、白色一步裙的女孩怀揣毕业分配通知书，忐忑地走进了杭州市官巷口的人民银行浙江省分行大楼。那时的她刚满20岁，是一个刚从杭州大学外国语言文学系毕业的姑娘。

　　这是一幢古老的建筑，高高的营业大厅、忙碌的工作人员给这个刚踏出校门的姑娘一份惊讶、一份茫然。那个年代的大学毕业生无须为工作发愁，但也没有选择工作的机会，被分配到省分行工作的她，对于银行的印象仅停留在小时候妈妈去银行存钱时柜台里工作人员忙着数钱的场景。一想到今后将以数钱为营生，这个外国文学专业的女孩能想到的就是莎士比亚笔下的威尼斯商人，心中满是郁闷。刚拿到毕业分配通知书那一刻，她真不知那个单位要一个外语系毕业的人去干什么。殊不知，她正走向一段见证我国金融改革开放历史的伟大时期，也将成为这一金融改革开放过程的有幸参与者和推动者。

　　她，就是施琍娅。

从外事翻译岗到外汇管理岗

刚进人民银行浙江省分行的施琍娅被分配到办公室担任外事翻译。20世纪80年代初，我国刚刚明确中国人民银行正式行使中央银行职能。作为刚从商业银行业务中分立出来的人民银行，如何行使好中央银行职能还是一个崭新的课题。走上开放之路的中国也通过"引进来、走出去"开始接触国际。到访人民银行总行的外国银行家、经济学家经常被安排到杭州这个有着"天堂"之称的美丽城市访问。外事翻译的需要由此产生。当然，担任外事翻译的一个好处就是能够直接向这些睿智的知名国际金融家学习到当时还很新奇的央行知识和金融市场知识。作为很好的入门知识，在几次的外事翻译后，她很快搞明白了央行货币发行与通货膨胀的关系，存款准备金以及再贴现窗口的作用等基础性知识。对金融知识一张白纸式的她以此为契机开始了奇妙的金融之旅。

1983年随着人民银行正式行使中央银行职能，外汇管理职能也由当时的外贸外汇专业银行——中国银行，划归中国人民银行。1984年也是该项职能正式划转之年。为了加强人民银行外汇管理干部队伍建设，施琍娅被再次调配到国家外汇管理局浙江分局工作并同时兼任外事翻译。日常工作就是负责审核各外贸公司的佣金折扣以及对外理赔用汇等，后来又承担出国用汇审批、外汇兑换点许可证的发放管理、非贸易用汇审批等工作。

外汇在当时可是稀缺资源。当时的外汇管理暂行条例规定，所有外汇收入必须卖给国家，中央和地方有留成外汇额度，簿记则由外汇局负责。每年年初开留成外汇分配会议是一项非常重要的工作，省计经委、外经贸厅、旅游局、轻工业厅等创汇和用汇部门都要和外汇局一起关起门来会商分配方案，然后再由外汇局根据外汇额度调拨单记账（外汇额度总账）及审批使用。国家的改革开放见证了一个一个中外合资、合作企业的诞生，中国的外贸也在"三来一补"（来料加工、来件装配、来样加工以及补偿贸易）中逐渐起步。外汇作为涉外经济活动必须涉及的资源，融入了各行各业的对外开放过程中。施琍娅既见证了企业创汇和用汇的艰辛，也见证了外汇管理的作用。记得有一次，一个外贸公司为了一笔对外质量理赔用汇审核材料的事争吵了起来，她被对方骂哭了，委屈得不得了。时任办公室副主任的吕开江事后得知，都无法相信外汇局的干部居然会受到企业外销员的责骂还被骂哭了。他非常认真地当着女孩的面给该外贸公司的领导打了电话，批评了对方的恶劣态度。当然，为安慰这个哭鼻子的小姑娘，在整个外汇管理办公室表扬了她，支持她认真地履行审核职责。

从做国际收支统计到做外汇管理

从货物贸易外汇管理到非贸易外汇管理，从引进外资管理到外债借用管理，从金融机构外汇管理到外汇移存业务，从外债统计监测到国际收支统计申报，从基层外汇管理到国家外汇储备管理，施琍娅以其认真尽职敬业的态度获得机会，做遍了整张国际收支平衡表中各个栏目项下的业务，并创造了属于她自己的事业的辉煌，也收获了职业生涯的丰硕成果。

在货物贸易外汇管理中，她在与浙江省审计厅工作人员一起对外贸公司的审计中荣立集体一等功；她提出的建立外商投资企业全过程外汇管理框架被国家外汇管理总局转发全国，并成为现在外资外汇管理的原型；她运用在美国商业银行学习到的知识为外汇移存及外币清算建立了规则并维护了权益。她针对B股市场对外开放提出的对跨境资金流动监测理念被时任中国人民银行行长的戴相龙同志批转各有关部门研究参考；2000年针对我国即将加入世界贸易组织的形势，她提出了中国加入世界贸易组织后既有的外汇管理模式将不堪重负，因此必须转变外汇管理模式的理念，要从当时按外汇性质管理转变为按主体管理，建立非现场监测指标体系，从冗杂的行政性审批管理中解脱出来，并提出了数据综合运用的观点；多次参与国家外汇管理局组织的课题研究，研究成果获得《中国外汇管理》一等奖；所做的关于跨国公司外汇管理的系列研究还获得了中国金融学会的三等奖。

厚积薄发是她一直笃信的理念。在外汇管理众多岗位的磨练下，她在实践中脱胎换骨，实践和理论知识的不断补充已使她成长为一个知识广博、实践和阅历非常丰富的央行干部，多年的国外工作经验和原有的文学功底也成就了她批判性思维的习惯，为身体力行地推动金融改革创新打下了基础。

从提高外汇管理有效性到人民币跨境结算的推动者

1998年底，中国人民银行上海分行作为第一个大区分行设立，施珋娅从浙江来到上海，在国际收支处担任副处长，负责组织外币清算、国际收支统计申报等工作。

由于外币清算组织的是外国货币的在岸清算，外汇局需要在该外国货币的发行国商业银行开立外币清算账户，并依据该货币发行国的清算规则向我国的银行提供货币清算服务，具有一定的风险。因此，她提出了要建立外币清算风险基金的思路并率领团队草拟了外币清算的相关办法和操作规程，得到了国家外汇管理局的肯定和采纳。

为了提高外币清算效率和内控管理的有效性，施珋娅又引入了外部审计，通过外部审计将加强内控管理的理念灌输到了每个岗位的工作人员，同时又主导开发建设了直连SWIFT的系统处理软件，使得整个外币清算彻底摆脱了手工记账的操作模式，实现了直通处理。而对国际收支统计申报，她则经常戏称自己是在做国际收支平衡表的最后一项工作，即误差与遗漏。国际收支统计申报是一项非常基础性的、有意义但又繁重的工作，主要目的就是把误差与遗漏降至尽可能的底线。通过国际收支统计申报平衡表这最后一项工作的经历，她实现了从微观到宏观的跨越，也实现了她对外汇管理工作从感性认识到理性认识的升华。

她创造性地提出了跨境贸易人民币结算的观点，并通过深入基层广泛调研的方式得到了实体经济一线的正反馈。她发挥了"认准目标，绝不放弃"的犟劲，一方面继续开展基础性研究，另一方面不断地向各个方面阐述她的观点。在美国次贷危机爆发的2008年，国家决定开展跨境贸易人民币结算的试点。此时，她的基础性研究已达数十万字。从2005年到2008年，长达4年的工作中，她付出了艰辛，也收获了成效。人民币用于跨境贸易结算走出了人民币国际化的重要一步。2009年夏天，也是一个火红的7月，跨境贸易人民币结算正式在上海启动试点。这时的她已经调任人民银行上海总部国际部任职，并因推动跨境贸易人民币结算而荣获了"上海市领军人才"的称号。

从外汇合规与风险管理到推动人民币完全可兑换

人民币启动了国际化的步伐，但国内的诸多管理尚需调整。为了给人民币一个法定货币用于国际收支应有的环境，时任人民银行总行副行长的苏宁领导的团队开展了艰苦的部际协调工作，施琍娅有幸参与了这个团队的工作并承担了系统建设的重要职责。在多次会商协调中，她深切地感受到协调的艰辛远超研究。在我国长期依赖外汇主导国际收支，依赖外汇管理监控涉外风险的惯性作用下，各方对人民币可以用于涉外经济活动均感困惑，甚至提出了"人民币还能用于国际结算"的疑惑。她深深地意识到要做的工作还很多，因此，她不断提出推进人民币跨境使用的意见和建议，呼吁国家有关部门改变涉外经济管理和统计中的外币化倾向，并深入企业了解实际需求和影响人民币跨境使用的障碍，不断推动人民币跨境使用领域的扩大。她和她的团队的工作终于得到回报，人民币被越来越广泛地接受。到2014年，也是5年的时间，人民币跨境结算量累计超过6万亿元。根据SWIFT的观察，人民币已经成为全球外汇交易市场的第八大货币，全球支付货币市场的第十大货币，全球贸易融资市场的第二大货币。

然而，人民币国际化仍然受人民币资本项目可兑换进程迟缓的影响，但是学术界和实务界对人民币资本项目可兑换的认识依然存在严重分歧，人们对货币全面可兑换后的风险忧虑依然强烈，对外汇管理的效能依然寄予厚望，对改革的阻力依然巨大。有鉴于此，新一届政府决定建设中国上海自由贸易试验区来进一步形成改革开放的示范效应，并提出了要形成可复制、可推广的经验。成熟、知性、自信、执着的施琍娅有幸又参与到了一场更大的改革开放中。中国上海自由贸易试验区是以推动实体经济转型发展，在更高平台上参与国际竞争为核心目标的改革试验，在这片试验区里金融不是主角，但却因金融的敏感性和面临改革任务的艰巨性而成为各方瞩目的焦点。在广泛调研、多方论证的基础上，施琍娅创新性地提出了以自由贸易账户为核心的分账核算管理模式来搭建试验区人民币资本项目可兑换环境的思路，为试验区创造出一个既有利于风险隔离，又有利于支持实体经济更便利参与国际竞争的金融服务环境。

年届知天命之年，她肩起了更重的责任。她感谢这个时代，感谢央行给了她很多的机会，使她得以从一个对金融懵懂无知的文学青年成长为一个金融人、央行人，成为无数金融改革开放的经历者和推动者。她更感谢与她相濡以沫数十年的丈夫，给了她无私的支持，成就了她职业生涯的辉煌，感谢她聪明懂事的儿子对她的理解和支持。

后 记

　　新中国成立以来，中国的金融系统发生了巨大的可喜变化，金融工作取得了卓越的成绩。其间，无数默默无闻的金融系统女干部用心血和汗水，为这一令人瞩目的"金融工程"不辞辛劳地添砖加瓦，无私奉献。从这种角度上甚至可以说，中国金融的发展史也同样是中国金融系统女干部的奉献史。我们组织编写出版《中国金融之花》一书，正是为了进一步弘扬中国金融系统女干部的风采，激励女职工建功立业，同时也向全社会传递更多的正能量。

　　入选本书的金融系统女干部，既有新中国成立前期参加工作的革命老前辈，也有在新中国成长起来的金融业后起之秀；既有身居高位的金融业领航者，也有平凡岗位上的普通员工；既有金融业的一线工作者，也有致力于培养人才的金融教育工作者；既有汉族女金融工作者，也有少数民族金融工作者……这使得本书具有了一定的普遍性和代表性。在编写过程中，我们特意强调要以真实性为基础，尽量通过个人成长过程中具体的事件或典型案例来展现人物的风采，突出展现金融系统女干部的魅力和奉献精神。但是由于某些资料获取实在不易，使得部分文稿未能尽如人意。在编写过程中，我们发现有些年事已高的金融业老前辈，记忆力和行动力已明显衰退，对于她们亲身经历过的新中国金融业发展过程的回忆零散而不完整，这未免有些遗憾。这也提醒我们，《中国金融之花》是一项抢救工程，本书的编写出版同时是一个抢救历史、保存历史的工程，对于金融系统女干部的辛劳和奉献，我们应该铭记。本书编写历时近两年，从第一稿到最后定稿，增删六次，此间辛劳，甘苦自知。

必须说明的是，有部分女金融工作者，如人民银行总行机关原党委书记余映兰、上海外汇交易中心原总裁林毓珊、人民银行武汉分行原行长张静、中国金融出版社原社长王震云、中国金融出版社原总编辑周战地、人民银行济南分行赵晓红原助理巡视员、人民银行广州分行周镜蓉原副行长、人民银行杭州中心支行李虹副行长、华夏银行广州分行黄穗副行长、浙江省银监局原处长章敬东、人民银行深圳分行原处长陈维华等人。她们长期工作在金融一线岗位上，亲历了我国金融业波澜壮阔的发展壮大历程，积累了相当丰富的资料和经验。出于她们谦逊的美德，她们放弃了入选本书第一辑的机会，无私地推荐了旁人。她们对《中国金融之花》第一辑的出版的无私支持，我们在此表示诚挚感谢！由于本书容量有限，以后编委会期待在陆续出版的《中国金融之花》系列图书中，见到她们或更多的女性金融工作者的风采。我们还要感谢陈慕华行长家里人和原秘书殷介炎、邢树尧对本书的大力支持。

现在，《中国金融之花》第一辑即将付梓。在此，我们衷心感谢宁波万方天裕能源有限公司张玉强董事长、北京圣华同安环保科技有限公司杜安董事长、北京百丈文化咨询有

中国金融之花

限公司黄东涛总经理、抱财网王尔明总裁、山西大同新发地农产品有限公司徐斌董事长、北京玖爱莲文化传媒有限公司杨谨鸿董事长一直以来的热心帮助和支持。

同时，中国国民党革命委员会，中央组织部原部长叶莉君，办公厅副主任、主席办公室主任董玉环同志给予鼎力支持，另外还要感谢北京市人民检察院曾岫萍原副检察长，中国金融出版社原总编辑李福钟、北京市民革原副秘书长张桂英对本书的支持，在此一并致谢。

本书出版中，中国人民银行南京分行、中国人民银行杭州中心支行、中国人民银行参事室、中国金融出版社、中国农业银行深圳分行、中国航天科工三院、中国循环经济协会世界新经济研究院、华夏银行广州分行、广东省银监局、广东省农村信用社联合社、新疆农村信用联社等单位对本书的编写及出版提供了无私的帮助和支持，在此一并致谢！

在编写本书的过程中，我们跟作者切磋、奔波和忙碌，聚集专家学者各方面人才，将所见汇集成书，参阅和引用的有关资料未能一一列明出处，恳请有关作者谅解，由于我们自身水平有限，书中难免有不当之处，还请读者批评指正。

本书编委会

2014年8月